音声ダウンロード

 音声再生アプリ「リスニング・トレーナー」**新登場（無料）**

朝日出版社開発のアプリ、「リスニング・トレーナー（リストレ）」を使えば、教科書の
音声をスマホ、タブレットに簡単にダウンロードできます。どうぞご活用ください。

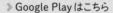 **まずは「リストレ」アプリをダウンロード**

▶ App Store はこちら　　　▶ Google Play はこちら

アプリ【リスニング・トレーナー】の使い方

❶ アプリを開き、「コンテンツを追加」をタップ

❷ QRコードをカメラで読み込む

❸ QRコードが読み取れない場合は、画面上部に　45374　を入力し「Done」をタップします

QRコードは㈱デンソーウェーブの登録商標です

Webストリーミング音声

http://text.asahipress.com/free/ch/245374

1 自己紹介ができる

2 スケジュールが言える

＼ 初級テキスト ／

4つの場面から学ぶ

ミニマル中国語

阿部慎太郎・紅粉芳惠　著

3 店での注文、接客ができる

4 案内ができる

朝日出版社

まえがき

皆さん、中国語の世界へようこそ！

　中国語がどのような言語であるかについては担当の先生から聞いていただくことにして、中国語と日本語の大きな違いの一つは「発音」です。中国語には、「声調」(「発音編1」参照)という音の高低や上げ下げがあります。日本語や英語は「声調」のない言語のため、中国語は正しい(通じる)発音を身につけるのに時間がかかる人も多いです。

　本教科書では、「発音編」を4回の授業で学習しますが、これだけで正しい発音ができる人は恐らくいないでしょう。そこで、本課に入っても毎回少しずつ(しつこく！)発音の練習をして、一年間かけて正しい発音がマスターできるように設計しています。

　さらに、以下の4つの場面で使うこれだけは覚えて欲しいというミニマルな会話ができるようにも設計しています。繰り返し音読練習をすることによって、自信を持って中国語で会話ができるように頑張りましょう。

パート1　「自己紹介ができる」第1課〜第4課＋まとめ(計5回)
パート2　「スケジュールが言える」第5課〜第8課＋まとめ(計5回)
パート3　「店での注文、接客ができる」第9課〜第13課＋まとめ(計6回)
パート4　「案内ができる」第14課〜第18課＋まとめ(計6回)

　数か月後、一年後、卒業後、皆さんは、中国語で大学や職場などで中国語母語話者と「自己紹介」や「スケジュール(日常の会話)」について話せるようになります。アルバイト先に来た観光客に対して中国語で接客ができるようになります。中国語圏の国・地域へ旅行した時に、レストランでは中国語で注文ができるようになります。道に迷っている観光客がいたら、中国語で道案内もできるようになります。

　これだけのことが言えるようになれば、皆さんの世界は大きく広がるはずです。さあ、中国語を楽しんで勉強しましょう！

　資格(中検・HSK)を取りたい人、さらに深く中国語を学びたい人、2年目も継続して中国語を勉強する人は、「本課(全18課)」で学習しなかった重要な文法項目を、巻末「さらなる一歩」にまとめて載せています。夏休み、春休みを使って自分で勉強しましょう。

2022年8月
筆者一同

目次

★★★★ Part 1

自己紹介ができる

達成目標 氏名、国籍、学校名、趣味など、中国語で簡単な自己紹介ができるようになる。

スケジュールが言える

達成目標 朝起きてから寝るまでの一日のスケジュールについて、「いつ、誰と、何をする」を中国語で表現できるようになる。

第5課 毎日電車で学校に来ています。

038-041

発音チェック：子音①：無気音と有気音

語彙量UP！：時点③：昨日、今日、明日など

文法ポイント： 1 連動文①：〜をしに来る/行く
　　　　　　　 2 連動文②：(乗り物、徒歩などで) 〜に来る/行く

第6課 もう食べた?

042-045

発音チェック：子音②：そり舌音

語彙量UP！：時点④：朝、午前、昼、午後、夜

文法ポイント： 1 動作の完了①：過去の"了" 2 否定の"没"と"不"の違い
　　　　　　　 3 動作の完了②：未来の"了"

第7課 中国に行ったことがありますか?

046-049

発音チェック：子音③：zi ci si

語彙量UP！：時点⑤：時刻(〜時)

文法ポイント： 1 動詞+"过"：〜したことがある 2 回数を表す表現

第8課 いつ買ったの?

050-053

発音チェック：子音④：f と h

語彙量UP！：時点⑥：時刻(〜分)

文法ポイント： 1 "(是)〜的"文 2 前置詞"跟 gēn"/"和 hé"：〜と

Part2 第5課〜第8課 **のまとめ**

054-055

Part 3 ★★★★ 店での注文、接客ができる

達成目標
・中国旅行の際、お店に行って中国語で注文ができるようになる。
・アルバイト先で中国人観光客に対して、中国語で接客ができるようになる。

Part 4 ★★★★ 案内ができる

達成目標 中国人観光客に対して、目的地までの行き方、所要時間、電車の乗り換えなどの道案内が中国語でできるようになる。

単母音・声調・軽声

▌発音ポイント

1. 単母音

🔊 001

・中国語の単母音は a i u o e ü er の7つ。

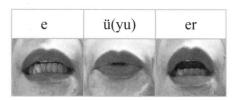

👆 ポイント①

・a i u o は、日本語の「あ / い / う / お」と似ているが同じではない！
・写真を見て、日本語の口との違いを意識する。

a：お医者さんに、喉を見せる時のように 大きくあける
i：しっかり口を横に引く
u：唇をすぼめて、突き出す
o：口をまん丸に

a	i(yi)	u(wu)	o
あ	い	う	お

👆 ポイント②

・e ü er は、日本語にはない発音！口の形から練習！
・まずは、写真の口の形をまねてみる。

e ：唇には力を入れないが、喉元を 緊張させて 「オー」
ü：口笛を吹くように「イー」
er：日本語の「あ」を発したらすぐに舌をそり上げ、 「アル」のように発音する

e	ü(yu)	er

メモ

2.声調

・中国語は声調言語のため、音の高低で単語の意味を区別する。

・これから学ぶ中国語("普通话")には4つの声調がある。

・4つの声調を表す符号を「声調符号」と言い、
第1声(¯)、第2声(´)、第3声(ˇ)、第4声(`)と表記する。

・i に声調符号をつける場合は、ī í ǐ ì と表記する。

◀» 002

	第1声	第2声	第3声	第4声
高中低	→	↗	↝	↘
特徴	高く、そしてキープ！	すっと上げて！	低く低〜く抑えて！	力を込めて急降下！
声調符号	¯	´	ˇ	`
例	妈 mā(お母さん)	麻 má(麻)	马 mǎ(馬)	骂 mà(ののしる)

練習 ① ū ② é ③ ǔ ④ èr

3.軽声

・4つの声調の後に軽く添える「軽声」は声調符号をつけない。

・軽声は前にある第1声〜第4声を長めに発音するのがコツ。

◀» 003

第1声＋軽声	第2声＋軽声	第3声＋軽声	第4声＋軽声
→　●	↗　●	↝　●	↘　●
māma 妈妈(母)	yéye 爷爷(父方の祖父)	jiějie 姐姐(姉)	bàba 爸爸(父)

練習 ①哥哥 gēge(兄) ②奶奶 nǎinai(父方の祖母) ③弟弟 dìdi(弟)

※親族呼称(p.15)

▍今日から使える中国語ワンフレーズ

まだ全てのピンインを習っていませんが、まずは先生の発音や音声をしっかり聞いて、真似をして発音しましょう！

🔊 004

SCENE 1

老师好!

同学们好!

皆さん、こんにちは！ Tóngxuémen hǎo!　　　　　　　　　　　　先生、こんにちは！ Lǎoshī hǎo!

"你们好。Nǐmen hǎo."/"大家好。Dàjiā hǎo."（皆さん、こんにちは。）

🔊 005

SCENE 2

再见。

老师,再见。

先生、さようなら。 Lǎoshī, zàijiàn.　　　　　　　　　　　　　さようなら。 Zàijiàn.

数字を覚えよう① 🔊 006

0	1	2	3	4	5
líng	yī	èr	sān	sì	wǔ

6	7	8	9	10
liù	qī	bā	jiǔ	shí

第1声	yī 一	sān 三	qī 七	bā 八
第2声	líng 零	shí 十		
第3声	wǔ 五	jiǔ 九		
第4声	èr 二	sì 四	liù 六	

＋ ピンイン表記のルール①：声調符号をつける位置 ＋

・声調符号をつける位置には以下のような優先順位があり、必ず母音の上につける。
・i に声調符号をつけるときは、ī í ǐ ì のように表記する。

　優先1：単母音の場合：単母音の上につける　例）tā　nǐ
　優先2：複母音：a があれば a の上につける　例）mǎi　jiā
　優先3：複母音：a がなく、o か e があればその上につける　例）lóu　xiè
　優先4：-iu または -ui の場合：後ろの母音につける　例）jiǔ　duì

発音編 2 子音

前課の振り返り　　　　　　　　　　　　　　　　　　　　　※回答はp.109参照

①中国語は声調のある言語。中国語（"普通话"）の声調は、全部で（　　　）つある。

②声調符号は、第1声（　　）第2声（　　）第3声（　　）第4声（　　）と表記する。

③爸爸bàbaの2つ目の漢字のように声調符号がなく、軽く発音するものを（　　　　　　）と言う。

発音ポイント

子音

◆) 007

・中国語の子音は、21種類ある。

・子音だけでは発音しにくいので、カッコ内の母音をつけて練習する。

無気音	有気音		
b (o)	p (o)	m (o)	f (o)
d (e)	t (e)	n (e)	l (e)
g(e)	k(e)	h(e)	
j(i)	q(i)	x(i)	
z(i)	c(i)	s(i)	
そり舌音 ▶ zh(i)	ch(i)	sh(i)	r(i)

1. 無気音 b d g j z zh

◆) 008

（例）無気音 b(ō)

・口の前に手を当てて、息が「パッ」と当たらないように発音する。

・日本語の「ボー」と「ポー」の間の音をイメージして発音する。

練習　①bā　②dǎ　③gú　④jì

2. 有気音 p t k q c ch 🔊 009

（例）有気音 p(ō)

・息を先に強く出してから「ポー」と発音する。

・日本語の「ポー」よりも強く、一気に息を出すイメージで発音する。

練習 ①pā ②tǎ ③kú ④qì

3. zi ci si 🔊 010

・zi ci si は、口を軽く横に引いて「ズー　ツー　スー」。「ジー　チー　シー」ではない。

・zu cu su は、口をしっかりと丸めて突き出して発音する。

練習 ①jī - zī - zū ②qí - cí - cú ③xì - sì - sù

4. そり舌音 zh ch sh r 🔊 011

・舌をそり上げて発音する。

・舌をどこまでそるか、正しい発音と自分の発音を聞き比べて微調整する。

・そり舌音の i(zhi,chi,shi,ri) は、単母音の i ほど口を横に引かない。

練習 母音 i e u をしっかり区別して発音してみましょう。

①zhī - zhē - zhū ②chí - ché - chú

③shǐ - shě - shǔ ④rì - rè - rù

5. f と h 🔊 012

・日本語の発音とは違うことに注意する。

| f(a) | 英語の f と同じように、上の歯を下唇にあてた状態から母音を発音する。両唇を使う日本語の「ファ」とは違う。 |
| h(a) | 「ハァー」と寒いときに息を吐くように喉の奥から発音する。 |

練習 ①fā ②fú ③hà ④hē

6. m、n、l 🔊 013

・m は「マ行」、n は「ナ行」、l は「ラ行」でOK。

練習 ①mā ②nà ③ne ④le

まだ全てのピンインを習っていませんが、まずは先生の発音や音声をしっかり聞いて、真似をして発音しましょう！

● 014

ありがとう！ Xièxie!　　　　　　　　　　　　　　　　　　　　　　　どういたしまして。Bú xiè.

"不客气。Bú kèqi."、"不用谢。Búyòng xiè."（どういたしまして。）

● 015

すみません。Bù hǎoyìsi.　　　　　　　　　　　　　　　　　　　　気にしないでください。Méi guānxi.

・"对不起。Duìbuqǐ."は、"不好意思。"より謝罪の気持ちが強い。
・"没什么。Méi shénme."（構わないよ。）

数字を覚えよう②　　🔊 016

11 shíyī	12 shí'èr	13 shísān	14 shísì	15 shíwǔ
16 shíliù	17 shíqī	18 shíbā	19 shíjiǔ	20 èrshí

20 èrshí	30 sānshí	40 sìshí	50 wǔshí
60 liùshí	70 qīshí	80 bāshí	90 jiǔshí

＋ ピンイン表記のルール②：ピンインの大文字 ＋

ピンインは、小文字で表記するが、次の場合は大文字にする。

・文の初めの1文字目：我是学生。Wǒ shì xuésheng.
・人名や固有名詞（国名・地名など）の1文字目：山本花 Shānběn Huā　中国 Zhōngguó

メモ

3 複母音・鼻母音

▌前課の振り返り

①中国語の子音は、全部で(　　　)種類。

②無気音は、(　　　)(　　　)(　　　)(　　　)(　　　)(　　　)

③有気音は、(　　　)(　　　)(　　　)(　　　)(　　　)(　　　)

④そり舌音は、(　　　)(　　　)(　　　)(　　　)

▌発音ポイント

1.複母音

◀) 017

・愛 ài　北 běi　块 kuài　秒 miǎo　のように、母音が2〜3つあるもの。

・下表で大きくなっている母音を強く読む。

・複母音の ei　ie　uei　üe の e は、日本語の「エ」に近い音。

a_i	e_i	a_o	o_u	
i_a(ya)	i_e(ye)	u_a(wa)	u_o(wo)	$ü_e$
i_ao(yao)	u_ai(wai)	i_ou(you)	u_ei(wei)	

※(　　　)は、子音がつかない場合の表記。(例)我 wǒ(＝ uǒ)　要 yào(＝ iào)

※ jüe qüe xüe は jue que xue と表記。

▌練習 ①美 měi(美しい)　②页 yè(ページ)　③笑 xiào(笑う)　④学 xué(学ぶ)

・iou：子音がつくと、表記は -iu となる。(例)六 liù

・uei：子音がつくと、表記は -ui となる。(例)会 huì(できる)

2. 鼻母音　　　　　　　　　　　　🔊 018

-n で終わるもの	-ng で終わるもの
・舌先を上の歯の裏に当てて「ん」と発音する。 ・「あんない（案内）」の「ん」の舌の位置と同じ。	・舌のつけ根を上あごにつけて「ん」と発音する。 ・「あんがい（案外）」の「ん」の舌の位置と同じ。

an	en	ian(yan)	in(yin)
uan(wan)	uen(wen)	üan(yuan)	ün(yun)

※ian は、「イアン」ではなく、「イエン」　　千 qiān
※en　uen の e は、日本語の「エ」に近い音　　日本 Rìběn
※üan(yuan) の a は、日本語の「エ」に近い音　　远 yuǎn（遠い）

ang	eng	ong
iang(yang)	ing(ying)	iong(yong)
uang(wang)	ueng(weng)	

※eng と ong は、母音 e、o の口の形を意識して発音する。

練習　①半 bàn　②棒！bàng（すごい！）　③咸 xián（しょっぱい）　④想 xiǎng（〜したい）

メモ

今日から使える中国語ワンフレーズ

🔊 019

SCENE 1

知り合えてうれしいです。
Hěn gāoxìng rènshi nǐ.

私もうれしいです。
Wǒ yě hěn gāoxìng.

"认识你很高兴。"とも言う。

🔊 020

SCENE 2

ちょっと待ってね。
Děng yíxià.

わかりました。
Hǎo de.

動詞の後ろに"一下 yíxià"をつけると、「ちょっと〜する」という表現になる。

012

22 èrshièr	33 sānshisān	44 sìshisì	55 wǔshiwǔ
66 liùshiliù	77 qīshiqī	88 bāshibā	99 jiǔshijiǔ

※“二十二”のように、間に挟まっている“十”は軽声で発音する。

人称代名詞 🔊 022

	単数	複数
一人称（自分）	我 wǒ	我们 wǒmen／咱们 zánmen
二人称（相手）	你 nǐ／您 nín	你们 nǐmen
三人称（自分・相手以外）	他 tā（男性）／她 tā（女性）	他们 tāmen／她们 tāmen

※“咱们”は、必ず聞き手を含む。

※“您”は、“你”の敬称。

中国語の文章記号

・日本語の句点は「、」だが、中国語では「，」と表記する。
・中国語の「、」は、並列関係を表すときに使う。
・中国語の疑問文は、必ず文末に「？」を表記する。
・ピンインでは「。」は「.」と表記する。你好。Nǐ hǎo.

メモ

発音のまとめ

前課の振り返り

①複母音 ei ie などの e は、単母音 e の発音ではなく、日本語の（　　　）に近い音で発音する。

②中国語の鼻母音には（　　　）と（　　　）の区別がある。

③ -ian は、「イアン」ではなく（　　　）と発音する。

1.名前の言い方

① 自分の名前（簡体字、ピンイン）を調べる

「中国語お名前チェッカー」

https://ch-station.org/chntext/onamae/

	姓	名
ピンイン		
簡体字		

・名前が「ひらがな、カタカナ」の人は、自分で漢字名をつけてみましょう。

・姓と名の1文字目のピンインは大文字。

② 名前の聞き方、言い方　　🔊 023

名字

A: Nín guì xìng?
您贵姓?
（お名前は？【名字】）

B: Wǒ xìng Ābù.
我姓阿部。
（阿部と申します。）

クラスメートには、少しフランクな聞き方で"你姓什么？ "Nǐ xìng shénme?でも良い。

フルネーム

A: Nǐ jiào shénme míngzi?
你叫什么名字?
（名前は？【フルネーム】）

B: Wǒ jiào Ābù Shèntàiláng.
我叫阿部慎太郎。
（阿部慎太郎と申します。）

2. 声調の組み合わせ

・2音節の発音の組み合わせは全部で20パターンあるので、繰り返し練習する。
・**第3声＋第3声は第2声＋第3声で発音する。**
・自分の苦手な組み合わせを知っておくのも大事。

	第1声	第2声	第3声	第4声	軽声
第1声	Dōngjīng 东京(東京)	Zhōngguó 中国(中国)	Yīngyǔ 英语(英語)	yīnyuè 音乐(音楽)	māma 妈妈(母)
第2声	qiánbāo 钱包(財布)	zúqiú 足球(サッカー)	cídiǎn 词典(辞書)	xuéxiào 学校(学校)	péngyou 朋友(友達)
第3声	Běijīng 北京(北京)	Měiguó 美国(アメリカ)	shǒubiǎo 手表(腕時計)	shǔjià 暑假(夏休み)	wǒmen 我们(私たち)
第4声	qìchē 汽车(車)	wàiguó 外国(外国)	Hànyǔ 汉语(中国語)	diànshì 电视(テレビ)	bàba 爸爸(父)

3. 単語で発音練習

親族呼称

・「おじいちゃん、おばあちゃん」は、中国語では父方と母方で呼び方が違う。
・我哥哥(私の兄) 你爸爸(あなたのお父さん) 她姐姐(彼女のお姉さん)

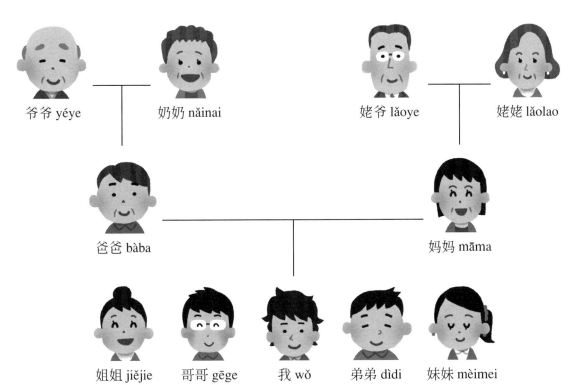

爷爷 yéye　　奶奶 nǎinai　　姥爷 lǎoye　　姥姥 lǎolao

爸爸 bàba　　妈妈 māma

姐姐 jiějie　　哥哥 gēge　　我 wǒ　　弟弟 dìdi　　妹妹 mèimei

Part 1

第1課～第4課

「自己紹介ができる」

達成
目標

氏名、国籍、学校名、趣味など、
中国語で簡単な自己紹介が
できるようになる。

第 1 課 私は日本人です。

1 "是"を使う文

2 疑問詞疑問文

第 2 課 ラーメンは好きですか?

1 動詞述語文

2 "喜欢"

第 3 課 今日は暖かいですね。

1 形容詞述語文

2 程度を表す言葉

第 4 課 中国語が上手ですね!

1 様態補語

2 ほめられた時の返答

その他の学習内容

各課1ページ目の「発音チェック」、「語彙量UP！」は、
自宅で予習、復習しておこう！

発音チェック

【発音編】で学習した発音やピンインの読み方を、
毎週少しずつ復習し、定着させよう！

第 1 課	単母音
第 2 課	声調
第 3 課	軽声
第 4 課	声調変化：第3声＋第3声→第2声＋第3声

語彙量UP！

語彙量がアウトプットの決め手。
どんどん語彙を増やしていこう！

第 1 課	数字①：0〜10
第 2 課	数字②：11〜99
第 3 課	時点①：月日
第 4 課	時点②：曜日

第1課 私は日本人です。

▌発音チェック　　　　　　　　　　　　　　🔊 026

単母音 a i u o e ü er （p.2）

・a i u o は、日本語の「あ/い/う/お」に
似ているが、日本語より口の開きやすぼ
めを大胆に！

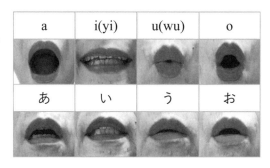

a	i(yi)	u(wu)	o
あ	い	う	お

・e ü er は、日本語にはない発音。口の形
をしっかりと覚える。

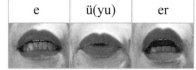

e	ü(yu)	er

▌練習　①一 yī　②二 èr　③五 wǔ　④雨 yǔ

▌語彙量UP！　　　　　　　　　　　　　　🔊 027

数字①：0 ～ 10

líng	yī	èr	sān	sì	wǔ	liù	qī	bā	jiǔ	shí
零(0)	一	二	三	四	五	六	七	八	九	十

第1声	yī　一	sān　三	qī　七	bā　八
第2声	líng　零	shí　十		
第3声	wǔ　五	jiǔ　九		
第4声	èr　二	sì　四	liù　六	

メモ

文法ポイント

1 "是"を使う文　🔊 028

1. 我是日本人。Wǒ shì Rìběnrén.
   （私は日本人です。）

2. 他是我弟弟。Tā shì wǒ dìdi.
   （彼は私の弟です。）

3. 我不是中国人。Wǒ bú shì Zhōngguórén.
   （私は中国人ではありません。）

4. 你是东京人吗? Nǐ shì Dōngjīngrén ma?
   （あなたは東京出身ですか？）

2 疑問詞疑問文　🔊 029

・疑問詞(「いつ、どこ、だれ、何、なぜ、どのように」など)がある疑問文は、"吗"をつけない。
・中国語の疑問詞は、日本語と同じく聞きたいところに置く。

1. 谁是你妹妹? Shéi shì nǐ mèimei?
   〈写真を見ながら〉(誰が君の妹？)

2. 这是我妹妹。Zhè shì wǒ mèimei.
   （これが私の妹だよ。）

3. 这是什么茶? Zhè shì shénme chá?
   （これは何のお茶ですか？）

4. 这是乌龙茶。Zhè shì wūlóngchá.
   （これはウーロン茶です。）

これ、それ、あれ、どれ（指示代名詞）

これ	それ/あれ	どれ
这 zhè、这个 zhège	那 nà、那个 nàge	哪 nǎ、哪个 nǎge

・日本語は「これ、それ、あれ」の3種類だが、中国語は自分に近い"这"と、遠い"那"の2種類。
・目的語(動詞の後ろ)の位置にくる時は、必ず"个"をつける(这个，那个，哪个)。
・这个 zhèige、那个 nèige、哪个 něige とも発音する。

練習問題

1 次の中国語のピンインを書き入れ、発音しましょう。

(1) 日本人(　　　　　) 　(2) 我(　　　　　) 　(3) 什么(　　　　　)

(4) 不是(　　　　　) 　(5) 中国人(　　　　　) 　(6) 你(　　　　　)

2 次の日本語とピンインを見て、中国語に訳しましょう。

(1) 私は日本人です。Wǒ shì Rìběnrén.

　(　　　　　　　　　　　　　　　　　　　　　　　)

(2) これは何のお茶ですか？ Zhè shì shénme chá?

　(　　　　　　　　　　　　　　　　　　　　　　　)

(3) 彼は私の弟です。Tā shì wǒ dìdi.

　(　　　　　　　　　　　　　　　　　　　　　　　)

3 音声を聞いて、発音された順番に番号(1〜6)をふりましょう。 🔊 030

弟(　　　) 　　　　妹(　　　) 　　　　東京出身(　　　)

中国人(　　　) 　　どれ(　　　) 　　あれ(　　　)

━━━━━━━━━━ ● メモ ● 間違えた所、忘れていた所などをチェックしておきましょう！ ━━━━━━━━━━

置き換え練習

私は○○人です。 🔊 031

日本人ですか？ Nǐ shì Rìběnrén ma? 　　　　　　　　　　はい、日本人です。Shì, wǒ shì Rìběnrén.

🔊△ 置き換え

中国人 Zhōngguórén　　　　　　美国人 Měiguórén（アメリカ人）　　法国人 Fǎguórén（フランス人）
韩国人 Hánguórén（韓国人）　　越南人 Yuènánrén（ベトナム人）　　泰国人 Tàiguórén（タイ人）

✋ ポイント

不是，我是○○人。Bú shì, wǒ shì（　　　　　）rén.
「そうです。」とだけ答える場合、"是。"だけでは言い方が少し固いので、
"是啊。Shì a."（少しフランクな言い方）、"是的。Shì de."、"对。Duì."と言う。

私は○○出身です。 🔊 032

東京出身ですか？ Nǐ shì Dōngjīngrén ma?　　　　　いいえ、大阪出身です。Bú shì, wǒ shì Dàbǎnrén.

🔊△ 置き換え

福冈人 Fúgāngrén　　　　　　奈良人 Nàiliángrén　　　　神户人 Shénhùrén　　　　名古屋人 Mínggǔwūrén
北京人 Běijīngrén　　　　　　上海人 Shànghǎirén　　　　香港人 Xiānggǎngrén　　台湾人 Táiwānrén
哪里人 nǎlirén（どこ出身）　　※実際には、nálirén と発音する。
自分の出身地（　　　　　　　）※右のQRコードから自分の「出身地」の言い方を調べましょう。

✋ ポイント

"～人"（～出身）は、国、都道府県、地名で使える。

第2課 ラーメンは好きですか？

▌前課の振り返り

次の日本語を中国語に訳し、発音しましょう。

①私は日本人です。Wǒ shì Rìběnrén.（　　　　　　　　　　　　　　　　　　　　　）

②私は（自分の出身の都道府県）出身です。Wǒ shì（　　　　　　　　　　　　　　）rén.

　（　　　　　　　　　　　　　　　　　　　　　　　　　　　　　　　　　　　）

▌発音チェック　　　　　　　　　　🔊 033

声調　（p.3）

・中国語（"普通话"）には、4つの声調がある。

・i に声調符号をつける場合は、ī í ǐ ì と表記する。

	第1声	第2声	第3声	第4声
高中低	→	↗	↘↗	↘
特徴	高く、そしてキープ！	すっと上げて！	低く低〜く抑えて！	力を込めて急降下！
声調符号	ー	／	⌄	＼
例	妈 mā（お母さん）	麻 má（麻）	马 mǎ（馬）	骂 mà（ののしる）

▌練習　①三 sān　②十 shí　③九 jiǔ　④四 sì

▌語彙量UP!　　　　　　　　　　🔊 034

数字②：11〜99

shíyī	shí'èr	shísān	èrshiyī	sānshisì	wǔshiliù	bāshiqī	jiǔshijiǔ
十一	十二	十三	二十一	三十四	五十六	八十七	九十九

èrshí	sānshí	sìshí	wǔshí	liùshí	qīshí	bāshí	jiǔshí
二十	三十	四十	五十	六十	七十	八十	九十

・"二十一"、"三十五"のように、間に挟まれた"十"は、軽声で発音する。

▌文法ポイント

1 動詞述語文　🔊 035

・動詞"是"の文と語順は同じで、"是"の代わりにさまざまな動詞を置く。

1. 我吃饭。Wǒ chī fàn.
（私は食事をします。）

2. 我学习汉语。Wǒ xuéxí Hànyǔ.
（私は中国語を勉強しています／します。）

3. 你要吗？Nǐ yào ma?
（いりますか？）

4. 你买什么？Nǐ mǎi shénme?
（何を買うの？）

5. 他不去。Tā bú qù.
（彼は行きません。）

6. 她不喝咖啡。Tā bù hē kāfēi.
（彼女はコーヒーを飲みません。）

👆ポイント

〈"不bù"の声調変化〉
"不bù"は第4声だが、後ろに第4声の漢字がくる場合は第2声で発音する。
・"不"の後ろが第1、2、3声の時：不吃bù chī　不学bù xué　不买bù mǎi
・"不"の後ろが第4声の時：不是bú shì　不去bú qù　不要bú yào

2 "喜欢"　🔊 036

・主語＋"(不)喜欢"＋目的語。
・主語＋"(不)喜欢"＋動詞＋目的語。
・日本語は、「私は野球（をするの）が好きだ」「私は辛いもの（を食べる）が嫌いだ」のように（　）の部分を省略するのが自然だが、中国語は、"我喜欢打棒球。""我不喜欢吃辣的。"と動詞を入れるのが自然。

1. 我喜欢你。Wǒ xǐhuan nǐ.
（私はあなたが好きです。）

2. 我不喜欢这个。Wǒ bù xǐhuan zhège.
（私はこれ嫌いです。）

3. 你喜欢吃面包吗？Nǐ xǐhuan chī miànbāo ma?
（あなたはパン（を食べるの）が好きですか？）

4. 你喜欢做什么？Nǐ xǐhuan zuò shénme?
（何（をするの）が好きですか？）

5. 我喜欢吃拉面。Wǒ xǐhuan chī lāmiàn.
（私はラーメン（を食べるの）が好きです。）

6. 我不喜欢喝红茶。Wǒ bù xǐhuan hē hóngchá.
（私は、紅茶（を飲むの）が嫌いです。）

▋練習問題

1 次の中国語のピンインを書き入れ、発音しましょう。

(1) 吃（　　　　　　　　）　(2) 学习（　　　　　　　　　　　）　(3) 不去（　　　　　　　　　　）

(4) 汉语（　　　　　　　　）　(5) 喝（　　　　　　　　　　　）　(6) 买（　　　　　　　　　　）

2 次の日本語とピンインを見て、中国語に訳しましょう。

(1) あなたは何を買うの？ Nǐ mǎi shénme?

　　（　　　　　　　　　　　　　　　　　　　　　　　）

(2) いりますか？ Nǐ yào ma?

　　（　　　　　　　　　　　　　　　　　　　　　　　）

(3) 彼はパンが好きです。 Tā xǐhuan chī miànbāo.

　　（　　　　　　　　　　　　　　　　　　　　　　　）

3 音声を聞いて、発音された順番に番号（1〜6）をふりましょう。🔊 037

飲む（　　　）　　　　　食べる（　　　）　　　　　いる（　　　）

行く（　　　）　　　　　嫌いだ（　　　）　　　　　好きだ（　　　）

メモ ● 間違えた所、忘れていた所などをチェックしておきましょう！

置き換え練習

SCENE 1 私は○○を飲みます。

◀)) 038

你喝什么？

我喝咖啡。

何を飲みますか？ Nǐ hē shénme?　　　　　　　　　私はコーヒーを飲みます。Wǒ hē kāfēi.

○△ 置き換え

茶 chá（お茶）　　　可乐 kělè（コーラ）　　　苹果汁 píngguǒzhī（リンゴジュース）
热咖啡 rè kāfēi（ホットコーヒー）　　　冰咖啡 bīng kāfēi（アイスコーヒー）
珍珠奶茶 zhēnzhū nǎichá（タピオカミルクティ）

ポイント

飲み物の「ホット」は"热的rè de"、「アイス」は"冰的bīng de"。

SCENE 2 私は○○が好きです。

◀)) 039

我喜欢吃寿司。

你喜欢吃什么？

何（を食べるの）が好きですか？ Nǐ xǐhuan chī shénme?　　　　お寿司が好きです。Wǒ xǐhuan chī shòusī.

○△ 置き換え

烤肉 kǎoròu（焼肉）　　　拉面 lāmiàn（ラーメン）　　　水饺 shuǐjiǎo（水餃子）
咖喱饭 gālífàn（カレーライス）　　　披萨 pīsà（ピザ）　　　汉堡包 hànbǎobāo（ハンバーガー）

ポイント

・「（スポーツを）する」は一般的に"打dǎ"、足を使うサッカーは"踢tī"。
・スポーツ観戦が趣味の場合、"喜欢看棒球""喜欢看足球"と言う。
打棒球 dǎ bàngqiú（野球をする）　　　　　打篮球 dǎ lánqiú（バスケットボールをする）
踢足球 tī zúqiú（サッカーをする）

第3課 今日は暖かいですね。

▌前課の振り返り

次の日本語を中国語に訳し、発音しましょう。

①私は中国語を勉強しています。 Wǒ xuéxí Hànyǔ.

（　　　　　　　　　　　　　　　　　　　　　　　　　　　　　　　　）

②あなたは何（を食べるの）が好きですか？ Nǐ xǐhuan chī shénme?

（　　　　　　　　　　　　　　　　　　　　　　　　　　　　　　　　）

▌発音チェック　　　🔊 040

軽声　（p.3）

・軽声は直前の音の声調によって高さが変わるので、以下の4つのパターンをしっかりと覚える。

・軽声には、声調符号をつけない。

第1声＋軽声	第2声＋軽声	第3声＋軽声	第4声＋軽声

▌練習　①妈妈 māma　②爷爷 yéye　③奶奶 nǎinai　④爸爸 bàba

▌語彙量UP!　　　🔊 041

時点①：月日

月 yuè	一月 yīyuè	二月 èryuè	三月 sānyuè	四月 sìyuè
	五月 wǔyuè	六月 liùyuè	七月 qīyuè	八月 bāyuè
	九月 jiǔyuè	十月 shíyuè	十一月 shíyīyuè	十二月 shí'èryuè

号 hào（日）	一号 yī hào	二号 èr hào	三号 sān hào	十一号 shíyī hào
	十二号 shí'èr hào	…	三十一号 sānshiyī hào	

▌文法ポイント

1 形容詞述語文 🔊 042

・形容詞述語文は、"是"を使わない。
・形容詞述語文の肯定文は、 **2** のような程度を表す言葉を必ずつける。
・肯定文で、「暖かいね。」「辛いね。」のように程度を強調しない場合には"很"をつける。
　ただし、"很"を強調して発音すると「とても」と程度が高いニュアンスになる。
・形容詞述語文では、過去の出来事でも現在形と同じ言い方になる。

1. 今天很暖和。Jīntiān hěn nuǎnhuo.
　（今日は暖かいね。）

2. 那个很辣。Nàge hěn là.
　（それ、辛いよ。）

3. 明天凉快吗? Míngtiān liángkuai ma?
　（明日は涼しいですか？）

4. 哪个好吃? Nǎge hǎochī?
　（どれが美味しいですか？）

5. 昨天不冷。Zuótiān bù lěng.
　（昨日は寒くなかったね。）

6. 这个不太甜。Zhège bú tài tián.
　（これ、そんなに甘くないよ。）

2 程度を表す言葉 🔊 043

・程度の高さを表す言葉（「とても、すごく、本当に、チョー」など）
　最zuì ～ 　非常fēicháng ～ 　真zhēn ～ 　太tài ～了le 　など
・上記以外の程度を表す言葉
　不～ （～でない） 不太bú tài ～ （あまり～でない） 有点儿yǒudiǎnr ～ （少し～） など
※有点儿yǒudiǎnrは、あまりよくないこと、嫌だなと思うことに使う。
・これらの程度を表す言葉がある場合、形容詞の肯定文に"很"はつけない。

1. 非常好! Fēicháng hǎo!
　（すごくいいね！）

2. 真漂亮! Zhēn piàoliang!
　（本当にきれい！）

3. 不太好。Bú tài hǎo.
　（あんまりよくないよ。）

4. 有点儿冷。Yǒudiǎnr lěng.
　（ちょっと寒いなぁ。）

5. 太好吃了! Tài hǎochī le!
　（マジでおいしい！）

6. 太贵了! Tài guì le!
　（[値段が] 高すぎる！）

1 次の中国語のピンインを書き入れ、発音しましょう。

(1) 今天（　　　　　　　） (2) 辣（　　　　　　　） (3) 非常（　　　　　　　）

(4) 真（　　　　　　　） (5) 貴（　　　　　　　） (6) 冷（　　　　　　　）

2 次の日本語とピンインを見て、中国語に訳しましょう。

(1) 今日は暖かいね。Jīntiān hěn nuǎnhuo.

（　　　　　　　　　　　　　　　　　　　　　　　）

(2) すごく良いね！ Fēicháng hǎo!

（　　　　　　　　　　　　　　　　　　　　　　　）

(3) これ甘い？ Zhège tián ma?

（　　　　　　　　　　　　　　　　　　　　　　　）

3 音声を聞いて、発音された順番に番号（1～6）をふりましょう。 🔊 044

明日（　　　） 今日（　　　） 昨日（　　　）

辛い（　　　） 美味しい（　　　） きれいだ（　　　）

──── メモ ● 間違えた所、忘れていた所などをチェックしておきましょう！ ────

置き換え練習

SCENE 1 これは〇〇（形容詞）です。　🔊045

这个辣吗？

这个很辣。

これは辛いですか？ Zhège là ma?　　　　これは辛いよ。Zhège hěn là.

置き換え

贵 guì（[値段が]高い）　　　便宜 piányi（[値段が]安い）
好吃 hǎochī（[食べ物が]美味しい）　　好喝 hǎohē（[飲み物が]美味しい）
酸 suān（酸っぱい）　甜 tián（甘い）　苦 kǔ（苦い）　咸 xián（塩辛い）

SCENE 2 これは、〇〇（程度を表す言葉）美味しいです。　🔊046

这个好吃吗？

这个很好吃。

これは美味しいですか？ Zhège hǎochī ma?　　　美味しいよ。Zhège hěn hǎochī.

置き換え

最 zuì ～　　非常 fēicháng ～　　真 zhēn ～　　太 tài ～了 le
不 bù ～（～でない）　　不太 bú tài ～（あまり～でない）

第4課 中国語が上手ですね!

前課の振り返り

次の日本語を中国語に訳し、発音しましょう。

①今日は暖かいね。Jīntiān hěn nuǎnhuo.　（　　　　　　　　　　　　　　　　　　　　）

②これは辛くないよ。Zhège bú là.

　（　　　　　　　　　　　　　　　　　　　　　　　　　　　　　　　　　）

発音チェック　🔊 047

声調変化　第3声+第3声→第2声+第3声　（p.15）

・低い音の第3声が連続すると発音しにくいため、第2声＋第3声に読みかえる。

　你好。（こんにちは。）Nǐ hǎo.　→　Ní hǎo.

【練習】①手表 shǒubiǎo（腕時計）　　　②水果 shuǐguǒ（果物）
　　　　③雨伞 yǔsǎn（傘）　　　　　　④洗澡 xǐzǎo（お風呂に入る）

語彙量UP!　🔊 048

時点②：曜日

月曜日	火曜日	水曜日	木曜日
星期一	星期二	星期三	星期四
xīngqīyī	xīngqī'èr	xīngqīsān	xīngqīsì

金曜日	土曜日	日曜日
星期五	星期六	星期天
xīngqīwǔ	xīngqīliù	xīngqītiān

👆 ポイント

・天 tiān：-ian は、「イアン」ではなく「イエン」と発音する。

・日曜日は "星期日 xīngqīrì" とも言う。

文法ポイント

1 様態補語　🔊 049

主語 主語（＋動詞）＋目的語	＋	～（する）のが 動詞＋"得de"	＋	どうであるか 很好。／不好。／怎么样? など （上手だ、下手だ、どうですか？）

・目的語がある場合、前の動詞は省略できる。
・否定形は、形容詞（「どうであるか」の部分）を否定する。

1. 他吃得很快。Tā chīde hěn kuài.
   （彼は食べるのが速い。）

2. 你哥哥长得帅吗? Nǐ gēge zhǎngde shuài ma?
   （あなたのお兄さんはイケメンですか？）

3. 我唱得真不好。Wǒ chàngde zhēn bù hǎo.　※唱歌 chàng gē（歌を歌う）
   （私は歌うのが本当にダメなのです。）

4. 你（说）汉语说得非常好! Nǐ (shuō) Hànyǔ shuōde fēicháng hǎo!
   （中国語を話すのがとっても上手ですね！）

5. 你（做）菜做得怎么样? Nǐ (zuò) cài zuòde zěnmeyàng?
   （あなた、料理の腕前はどうですか？）

6. 我（弹）钢琴弹得不太好。Wǒ (tán) gāngqín tánde bú tài hǎo.
   （私はピアノを弾くのがあまり上手ではありません。）

👆 ポイント

日本語の影響で「（野球が）上手だね」「（字が）きれいだね」を"× 棒球很好""× 字很漂亮"と言いたくなるが、中国語は〈動詞＋"得"＋形容詞〉"打得很好""写得很漂亮"と言う。

2 ほめられた時の返答　🔊 050

1. 谢谢。Xièxie.（ありがとう。）
2. 你过奖了。Nǐ guòjiǎng le.（ほめすぎだよ。）
3. 哪里哪里，还差得远呢。Nǎli nǎli, hái chàde yuǎn ne.（そんなことないです、まだまだです。）
※実際は náli náli と発音する。

1 次の中国語のピンインを書き入れ、発音しましょう。

(1) 哥哥(　　　　　)　　(2) 做菜(　　　　　　　)　　(3) 怎么样(　　　　　　　)

(4) 快(　　　　　)　　(5) 汉语(　　　　　　　)　　(6) 唱(　　　　　　　)

2 次の日本語とピンインを見て、中国語に訳しましょう。

(1) あなた、中国語を話すのがとても上手ですね！ Nǐ shuō Hànyǔ shuōde fēicháng hǎo!

(　　　　　　　　　　　　　　　　　　　　　)

(2) あなたの料理の腕前はどうですか？ Nǐ cài zuòde zěnmeyàng?

(　　　　　　　　　　　　　　　　　　　　　)

(3) ほめすぎですよ。Nǐ guòjiǎng le.

(　　　　　　　　　　　　　　　　　　　　　)

3 音声を聞いて、発音された順番に番号(1～6)をふりましょう。 🔊 051

中国語を話す(　　)　　料理を作る(　　)　　歌を歌う(　　)

ピアノを弾く(　　)　　ありがとう(　　)　　どうですか？(　　)

━━━━━━━━━ ●（ メモ ）● 間違えた所、忘れていた所などをチェックしておきましょう！ ━━━━━━━━━

▋置き換え練習

SCENE 1 歌を歌うのが〇〇です。　🔊 052

あなたは、歌を歌うのはどうですか？
Nǐ chàng gē chàngde zěnmeyàng?

歌うのがへたです。
Wǒ chàng gē chàngde bù hǎo.

🔄 置き換え

很好。Hěn hǎo.（うまい。）　不太好。Bú tài hǎo.（そんなにうまくない。）　不好。Bù hǎo.（うまくない。）
还可以。Hái kěyǐ.（まあまあです。）　※実際は Hái kéyǐ. と発音する。

SCENE 2 ほめられた時の返答　🔊 053

中国語がとっても上手ですね！ Nǐ Hànyǔ shuōde fēicháng hǎo!

ありがとうございます。Xièxie.

🔄 置き換え

你过奖了。Nǐ guòjiǎng le.（ほめすぎだよ。）
哪里哪里，还差得远呢。Nǎli nǎli, hái chàde yuǎn ne.（そんなことないです、まだまだです。）

自己紹介ができる

チャレンジ1 名前、出身地などを聞いてみましょう。

練習方法

Step① 下線部に自分の情報を記入し、正確な発音を意識して練習しましょう。

Step② Aパートの人は教科書を見て質問し、Bパートの人は教科書を見ずに答えましょう。

Step③ 中国語を隠して、日本語だけを見て練習しましょう。

🔊 054

	Aパート	Bパート	日本語訳
①	Nín guì xìng? 您贵姓？	Wǒ xìng_____. 我姓_____。	A：お名前は（名字）？ B：私は_____と申します。
②	Nǐ jiào shénme míngzi? 你叫什么名字？	Wǒ jiào_____. 我叫_____。	A：なんという名前ですか（フルネーム）？ B：私は_____と言います。
③	Nǐ shì Zhōngguórén ma? 你是中国人吗？	Shì / Bú shì, wǒ shì_____. 是 / 不是，我是_____。	A：中国人ですか？ B：はい / いいえ、私は_____です。
④	Nǐ shì nǎguórén? 你是哪国人？	Wǒ shì_____rén. 我是_____人。	A：あなたはどの国の人ですか？ B：私は_____人です。
⑤	Nǐ shì nǎlirén? 你是哪里人？	Wǒ shì_____rén. 我是_____人。	A：あなたはどこ出身ですか？ B：私は_____出身です。
⑥	Nǐ jīnnián duō dà? 你今年多大？	Wǒ jīnnián_____suì. 我今年_____岁。	A：今年いくつですか？ B：今年_____歳です。

拡張表現

・挨拶：你们好。Nǐmen hǎo.（皆さん、こんにちは。）

・名前の言い方："我姓山本，叫山本花。"Wǒ xìng Shānběn, jiào Shānběn Huā.

（私は山本、山本花と言います。）

1

チャレンジ2 自己紹介文を作ってみましょう。

目的・ねらい

自己紹介はコミュニケーションの第一歩！

大学では留学生と友達になるために、就活では面接でのアピールのために、就職後は取引先の中国人と良好な関係を築くために……このように自己紹介をする機会はたくさんあるので、しっかり練習しましょう！

✔ **チェックポイント**

□話す順番をアレンジして、自己紹介文を完成させましょう。

□時間（目標は30秒程度）を計って、すらすら言えるように繰り返し練習しましょう。

□聞き手のことを考えて、早口にならないようにはっきりと大きな声で言いましょう。

🔊 055

挨拶	Dàjiā hǎo. 大家好。
名前	Wǒ jiào＿＿＿＿＿＿＿＿＿＿＿＿. 我叫＿＿＿＿＿＿＿＿＿＿＿。
所属	Wǒ shì＿＿＿＿ dàxué (gāozhōng) ＿＿＿＿niánjí de xuésheng. 我是＿＿＿＿大学（高中）＿＿＿＿年级的学生。
趣味 好きなこと	Wǒ xǐhuan＿＿＿＿＿＿＿＿＿＿. 我喜欢＿＿＿＿＿＿＿＿＿。
自由記述	
締め	Xièxie! 谢谢!

拡張表現

很高兴认识你们。Hěn gāoxìng rènshi nǐmen.（知り合えてうれしいです。）

・趣味の言い方：我的爱好是看动漫。Wǒ de àihào shì kàn dòngmàn.

（私の趣味はアニメ・漫画を読むことです。）

★ ★ ★ ★

Part 2

第5課〜第8課

「スケジュールが言える」

達成目標　朝起きてから寝るまでの一日のスケジュールについて、「いつ、誰と、何をする」を中国語で表現できるようになる。

第 5 課　毎日電車で学校に来ています。

1. 連動文①：
   〜をしに来る/行く
2. 連動文②：
   （乗り物、徒歩などで）〜に来る/行く

第 6 課　もう食べた？

1. 動作の完了①：過去の"了"
2. 否定の"没"と"不"の違い
3. 動作の完了②：未来の"了"

第 7 課　中国に行ったことがありますか？

1. 動詞+"过"：〜したことがある
2. 回数を表す表現

第 8 課　いつ買ったの？

1. "（是）〜的"文
2. 前置詞"跟gēn"/"和hé"：〜と

その他の学習内容

各課1ページ目の「発音チェック」、「語彙量UP！」は、
自宅で予習、復習しておこう！

発音チェック

【発音編】で学習した発音やピンインの読み方を、
毎週少しずつ復習し、定着させよう！

第5課	子音①：無気音と有気音
第6課	子音②：そり舌音
第7課	子音③：zi ci si
第8課	子音④：fとh

語彙量UP！

語彙量がアウトプットの決め手。
どんどん語彙を増やしていこう！

第5課	時点③：昨日、今日、明日など
第6課	時点④：朝、午前、昼、午後、夜
第7課	時点⑤：時刻（～時）
第8課	時点⑥：時刻（～分）

第5課 毎日電車で学校に来ています。

前課の振り返り

次の日本語を中国語に訳し、発音しましょう。

①あなたは中国語を話すのが上手ですね！ Nǐ shuō Hànyǔ shuōde hěn hǎo!

（　　　　　　　　　　　　　　　　　　　　　　　　　　　　　　　　　　　　　）

②ほめすぎですよ。 Nǐ guòjiǎng le.　（　　　　　　　　　　　　　　　　　　　　　　　　　　　）

発音チェック　　　　　　　　　　　　　　　　🔊 056

子音①：無気音と有気音　（p.6-7）

無気音 b d g j z zh

(例) 無気音 b(ō)　・口の前に手を当てて、息が「パッ」と当たらないように発音する。

　　　　　　　　・日本語の「ボー」と「ポー」の間の音をイメージして発音する。

有気音 p t k q c ch

(例) 有気音 p(ō)　・息を先に強く出してから「ポー」と発音する。

　　　　　　　　・日本語の「ポー」よりも強く、一気に息を出すイメージで発音する。

練習　①八 bā　②七 qī　③大 dà(大きい)　④他 tā/她 tā(彼/彼女)

語彙量UP!　　　　　　　　　　　　　　　　🔊 057

時点③：昨日、今日、明日など

qiántiān	zuótiān	jīntiān	míngtiān	hòutiān	měi tiān
前天	昨天	今天	明天	后天	每天
(おととい)	(昨日)	(今日)	(明日)	(あさって)	(毎日)

👆ポイント　時点を置く位置

時点＝年月日、曜日、今日、明日、午前、午後、など

主語＋時点＋動詞＋目的語 or 時点＋主語＋動詞＋目的語　日本語と語順は同じ！

我今天去学校。Wǒ jīntiān qù xuéxiào.(私は、今日学校に行きます。)

今天我去学校。Jīntiān wǒ qù xuéxiào.(今日、私は学校に行きます。)

▎文法ポイント

1 連動文①：〜をしに来る/行く 🔊 058

・連動文：「買いに行く」のように、一連の動作の中で動詞を2つ以上使う文。
・主語＋動詞①：来/去（＋場所）＋動詞②：〜する（＋目的語：〜を）。
・語順は日本語と逆！中国語は動作を行う順番に並べる。（例）買いに行く＝行って→買う"去买"

日本語	主語	動詞①	目的語	動詞②	目的語
私は、コンビニに飲み物を買いに行く。	Wǒ 我	qù 去	biànlìdiàn 便利店	mǎi 买	yǐnliào. 饮料。

1. 星期天你们来我家玩儿吧。 Xīngqītiān nǐmen lái wǒ jiā wánr ba.
（日曜日にあなたたち、私の家に遊びに来てよ。）

2. 你去买什么? Nǐ qù mǎi shénme?
（何を買いに行くの？）

2 連動文②：（乗り物、徒歩などで）〜に来る/行く 🔊 059

動詞①："骑/坐"＋（乗り物）＋動詞②："来/去"（＋場所）
・「（乗り物で）〜に来る/行く」は、日本語と同じ語順。

"骑 qí"：（自転車、バイク、馬などに）乗る
"坐 zuò"：（上記以外の乗り物に）乗る

1. 我坐电车来学校。 Wǒ zuò diànchē lái xuéxiào.
（私は電車で学校に来ています。）

2. 我们坐出租车去机场。 Wǒmen zuò chūzūchē qù jīchǎng.
（私たちはタクシーで空港に行きます。）

3. 你每天怎么来学校? Nǐ měi tiān zěnme lái xuéxiào?
（あなたは毎日どうやって学校に来ているの？）

4. 我骑自行车来学校。 Wǒ qí zìxíngchē lái xuéxiào.
（私は自転車で学校に来ています。）

▌練習問題

1 次の中国語のピンインを書き入れ、発音しましょう。

(1) 玩儿(　　　　　　)　　(2) 电车(　　　　　　　　)　　(3) 机场(　　　　　　　　)

(4) 骑(　　　　　　)　　(5) 坐(　　　　　　　　)　　(6) 每天(　　　　　　　　)

2 次の日本語とピンインを見て、中国語に訳しましょう。

(1) あなたはコンビニに何を買いに行くの？ Nǐ qù biànlìdiàn mǎi shénme?

(　　　　　　　　　　　　　　　　　　　　　　　　　　)

(2) 私たちはタクシーで空港に行きます。 Wǒmen zuò chūzūchē qù jīchǎng.

(　　　　　　　　　　　　　　　　　　　　　　　　　　)

(3) あなたは毎日どうやって学校に来ているの？ Nǐ měi tiān zěnme lái xuéxiào?

(　　　　　　　　　　　　　　　　　　　　　　　　　　)

3 音声を聞いて、発音された順番に番号(1〜6)をふりましょう。 🔊 060

飲み物(　　　)　　　　　空港(　　　)　　　　　毎日(　　　)

日曜日(　　　)　　　　　タクシー(　　　)　　　　自転車(　　　)

〳 メモ 〵 間違えた所、忘れていた所などをチェックしておきましょう！

▌置き換え練習

SCENE 1 ○○（場所）に△△（もの）を買いに行きます。　🔊 061

你去哪儿?

我去便利店买饮料。

どこ行くの？ Nǐ qù nǎr?　　　　　　コンビニに飲み物を買いに行くの。Wǒ qù biànlìdiàn mǎi yǐnliào.

🔄○△ 置き換え

超市 chāoshì（スーパー）：蔬菜 shūcài（野菜）　　便当 biàndāng（お弁当）
书店 shūdiàn（書店）：　　杂志 zázhì（雑誌）　　　漫画 mànhuà（マンガ）
药店 yàodiàn（薬局）：　　口罩 kǒuzhào（マスク）　感冒药 gǎnmàoyào（風邪薬）

SCENE 2 ○○（交通手段）で学校に来ます。　🔊 062

你怎么来学校?

我坐电车来学校。

どうやって学校に来ているの？ Nǐ zěnme lái xuéxiào?　　電車で学校に来ているよ。Wǒ zuò diànchē lái xuéxiào.

🔄○△ 置き換え

坐 zuò（乗る）：公交车 gōngjiāochē（バス）　　　电车 diànchē（電車）　　　地铁 dìtiě（地下鉄）
骑 qí（乗る）：　摩托车 mótuōchē（バイク）
　　　　　　　自行车 zìxíngchē（自転車）　※「自転車に乗る」は、"骑车"でもよい。
开车 kāichē（車を運転する）　　步行 bùxíng（歩いて）

第6課 もう食べた？

▌前課の振り返り

次の日本語を中国語に訳し、発音しましょう。

①私は電車で学校に来ています。 Wǒ zuò diànchē lái xuéxiào.

（　　　　　　　　　　　　　　　　　　　　　　　　　　　）

②日曜日にあなたたち、私の家に遊びに来てよ。 Xīngqītiān nǐmen lái wǒ jiā wánr ba.

（　　　　　　　　　　　　　　　　　　　　　　　　　　　）

▌発音チェック　　　　🔊 063

子音②：そり舌音　zh ch sh r　（p.6-7）

・舌をそり上げて発音する。

・舌のそり上げ方は、音声をよく聞いて、先生にチェックしてもらい微調整する。

・そり舌音の i は、口を横に引きすぎないようにする。

 ①吃 chī（食べる）　②这 zhè（これ）　③热 rè（熱い）
④我是日本人。 Wǒ shì Rìběnrén.

▌語彙量UP!　　　　🔊 064

時点④：朝、午前、昼、午後、夜

zǎoshang	shàngwǔ	zhōngwǔ	xiàwǔ	wǎnshang
早上	上午	中午	下午	晚上
（朝）	（午前）	（お昼）	（午後）	（夜）

👆 ポイント　時点を置く位置

時点＝年月日、曜日、今日、明日、朝、午後、など

主語＋時点＋動詞＋目的語 or 時点＋主語＋動詞＋目的語　日本語と語順は同じ！

文法ポイント

1 動作の完了①：過去の"了" 🔊 065

・動作の完了を表すには、"了 le"を用いる。
・"已经 yǐjīng ～了。"（もうすでに～した。）

1. 我已经吃了。Wǒ yǐjīng chī le.
（もう食べました。）

2. 我昨天去动物园了。Wǒ zuótiān qù dòngwùyuán le.
（昨日、動物園に行ったよ。）

3. 你喝了吗？Nǐ hē le ma?
（飲みましたか？）

4. 喂，你到学校了吗？Wéi, nǐ dào xuéxiào le ma?
（もしもし、学校に着いた？）

2 否定の"没"と"不"の違い 🔊 066

"没"は過去の出来事の否定を表し、"不"はこれから先の出来事の否定を表す。

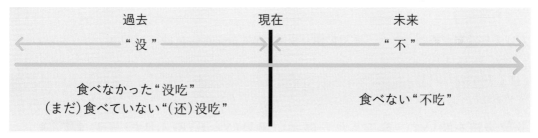

過去	現在	未来
"没"		"不"
食べなかった"没吃" （まだ）食べていない"（还）没吃"		食べない"不吃"

1. 我昨天没吃晚饭。Wǒ zuótiān méi chī wǎnfàn.
（昨日、夕食を食べませんでした。）

2. 我还没吃午饭。Wǒ hái méi chī wǔfàn.
（まだ昼食を食べていません。）

3 動作の完了②：未来の"了" 🔊 067

・①動詞＋"了"＋目的語，"就"＋②動詞＋目的語。（①したら、（すぐ）②をする。）
・"了"は、過去だけでなく、未来の動作の完了にも用いる。
・"就"は、動作・行為が「すぐ」に行われることを表すが、日本語では訳さなくてもよい。

1. 我吃了饭，就刷牙。Wǒ chīle fàn, jiù shuāyá.
（私はご飯を食べたら、すぐ歯を磨きます。）

2. 我做了作业，就洗澡。Wǒ zuòle zuòyè, jiù xǐzǎo.
（宿題をしたら、お風呂に入ります。）

3. 你今天下了课，就回家吗？Nǐ jīntiān xiàle kè, jiù huí jiā ma?
（今日授業が終わったら、すぐ家に帰るの？）

練習問題

1 次の中国語のピンインを書き入れ、発音しましょう。

(1)昨天(　　　　　)　　(2)到(　　　　　　　)　　(3)刷牙(　　　　　　)

(4)午饭(　　　　　)　　(5)下课(　　　　　　　)　　(6)回家(　　　　　　)

2 次の日本語とピンインを見て、中国語に訳しましょう。

(1)飲みましたか？　Nǐ hē le ma?

(　　　　　　　　　　　　　　　　　　　　　　)

(2)まだ晩ご飯を食べていません。　Wǒ hái méi chī wǎnfàn.

(　　　　　　　　　　　　　　　　　　　　　　)

(3)今日授業が終わったら、すぐに帰ります。　Wǒ jīntiān xiàle kè, jiù huí jiā.

(　　　　　　　　　　　　　　　　　　　　　　)

3 音声を聞いて、発音された順番に番号(1〜6)をふりましょう。 🔊 068

お風呂に入る(　　　)　　　宿題をする(　　　)　　　授業が終わる(　　　)

歯を磨く(　　　)　　　学校に着く(　　　)　　　家に帰る(　　　)

───── メモ ●間違えた所、忘れていた所などをチェックしておきましょう！ ─────

置き換え練習

SCENE 1　○○しましたか？　🔊069

你吃午饭了吗？

我吃了。

昼食、食べた？ Nǐ chī wǔfàn le ma?　　　　　　　食べたよ。Wǒ chī le.

○△置き換え

早饭 zǎofàn（朝食）　　　　晚饭 wǎnfàn（夕食）
做作业 zuò zuòyè（宿題をする）　写报告 xiě bàogào（レポートを書く）
还没~ hái méi ~（まだ~していない）

SCENE 2　授業が終わったら、○○をしに行きます。　🔊070

下了课，你做什么？

我下了课，就去食堂。

授業が終わったら、何をするの？　　　　　授業が終わったら、すぐ食堂に行きます。
Xiàle kè, nǐ zuò shénme?　　　　　　　　Wǒ xiàle kè, jiù qù shítáng.

○△置き換え

玩儿 wánr（遊ぶ）　　　打工 dǎgōng（アルバイトをする）　社团 shètuán（サークル）
医院 yīyuàn（病院）　　银行 yínháng（銀行）　　　　　邮局 yóujú（郵便局）

045

中国に行ったことがありますか?

▮前課の振り返り

次の日本語を中国語に訳し、発音しましょう。

①私はまだ昼ご飯を食べていません。Wǒ hái méi chī wǔfàn.

(　　　　　　　　　　　　　　　　　　　　　　　　　　　　　　　　　)

②私は今日授業が終わったら、すぐに帰ります。Wǒ jīntiān xiàle kè, jiù huí jiā.

(　　　　　　　　　　　　　　　　　　　　　　　　　　　　　　　　　)

▮発音チェック　🔊 071

子音③：zi ci si　（p.6-7）

・口を横に軽く引いて「ズーツースー」。「ジーチーシー」と読まない。

・口をすぼめて、突き出す母音uと結びつくzu cu suの発音としっかり区別する。

▮練習　①四 sì　②字 zì　③词典 cídiǎn（辞書）　④足球 zúqiú（サッカー）

▮語彙量UP!　🔊 072

時点⑤：時刻（～時）

～点 diǎn（～時）

一点 yì diǎn	两点 liǎng diǎn	三点 sān diǎn	四点 sì diǎn
五点 wǔ diǎn	六点 liù diǎn	七点 qī diǎn	八点 bā diǎn
九点 jiǔ diǎn	十点 shí diǎn	十一点 shíyī diǎn	十二点 shí'èr diǎn

几点 jǐ diǎn（何時）

文法ポイント

1 動詞＋"过"：〜したことがある

🔊 073

・動詞＋"过 guo"（＋目的語）。　×去北京过
・否定は、"没"＋動詞＋"过"（＋目的語）で、"过"はつけたまま。
・経験の否定は、現時点まででしたことがないので"没"を使う。　※第6課 2 参照

1. 我吃过。Wǒ chīguo.
   （食べたことあるよ。）

2. 我去过中国。Wǒ qùguo Zhōngguó.
   （中国に行ったことがあります。）

3. 你见过他吗？Nǐ jiànguo tā ma?
   （彼に会ったことある？）

4. 你去过台湾吗？Nǐ qùguo Táiwān ma?
   （台湾に行ったことありますか？）

5. 我没做过。Wǒ méi zuòguo.
   （したことがないです。）

6. 我还没去过北海道。Wǒ hái méi qùguo Běihǎidào.
   （私は、まだ北海道に行ったことがないです。）

2 回数を表す表現

🔊 074

・数詞＋"次 cì"：〜回、〜度
・数詞＋"遍 biàn"：〜回（初めから終わりまでを1回と数える）
・動詞＋数詞＋"次 / 遍"
・「2回、2度」は、"二"ではなく"两 liǎng"を使う。

1. 请再说一遍，好吗？ Qǐng zài shuō yí biàn, hǎo ma?
   （もう1度言っていただけますか？）

2. 我看过两次。Wǒ kànguo liǎng cì.
   （2回読んだことがあります。）

3. 你去过几次外国？ Nǐ qùguo jǐ cì wàiguó?
   （何回外国に行ったことがありますか？）

👆ポイント　"一"の声調変化

・後ろにくる文字の声調によって、"一"は声調が変化する。
　"一"＋第1、2、3声の場合、"一"は第4声(yì)で発音する。　（例）一般 yìbān（普通である）
　　　　　　　　　　　　　　　　　　　　　　　　　　　　　　　　一直 yìzhí（まっすぐ）
　　　　　　　　　　　　　　　　　　　　　　　　　　　　　　　　一起 yìqǐ（いっしょに）

　"一"＋第4声の場合、"一"は第2声(yí)で発音する。　（例）一次 yí cì　一遍 yí biàn

　順番に並ぶ数（序数）の"一"は、第1声(yī)で発音する。　（例）一二三…、一月、一号、
　　　　　　　　　　　　　　　　　　　　　　　　　　　　　　　星期一

▌練習問題

1 次の中国語のピンインを書き入れ、発音しましょう。

(1) 见 (   )   (2) 台湾 (   )   (3) 过 (   )

(4) 一遍 (   )   (5) 两次 (   )   (6) 看 (   )

2 次の日本語とピンインを見て、中国語に訳しましょう。

(1) あなたは中国に行ったことある？ Nǐ qùguo Zhōngguó ma?

    (   )

(2) まだ食べたことがないです。 Wǒ hái méi chīguo.

    (   )

(3) もう1度言っていただけますか？ Qǐng zài shuō yí biàn, hǎo ma?

    (   )

3 音声を聞いて、発音された順番に番号（1〜6）をふりましょう。 🔊 075

食べたことがある（   ）   行ったことがある（   ）   行ったことがない（   ）

1回（   ）   2回（   ）   何回（   ）

◆─── (メモ) ● 間違えた所、忘れていた所などをチェックしておきましょう！ ───◆

| 置き換え練習

SCENE 1 ○○を食べたことがありますか？　◀)) 076

还没吃过。

你吃过寿司吗？

お寿司食べたことがありますか？ Nǐ chīguo shòusī ma?　　　まだ食べたことがないです。Hái méi chīguo.

○△ 置き換え

生鱼片 shēngyúpiàn（刺身）　　饭团 fàntuán（おにぎり）　　纳豆 nàdòu（納豆）
北京烤鸭 Běijīng kǎoyā（北京ダック）　小笼包 xiǎolóngbāo（小籠包）　火锅 huǒguō（火鍋）

SCENE 2 外国に○回行ったことがあります。　◀)) 077

你去过外国吗？

我去过两次。

外国に行ったことがありますか？ Nǐ qùguo wàiguó ma?　　2回行ったことがあります。Wǒ qùguo liǎng cì.

○△ 置き換え

只去过一次 zhǐ qùguo yí cì（1度だけ行ったことがある＝1度しか行ったことがない。）
去过好几次 qùguo hǎo jǐ cì（何度も行ったことがあります。）　※"去过很多次 hěn duō cì"とも。
还没去过 hái méi qùguo

第8課 いつ買ったの?

前課の振り返り

次の日本語を中国語に訳し、発音しましょう。

①私はまだ中国に行ったことがありません。Wǒ hái méi qùguo Zhōngguó.

（　　　　　　　　　　　　　　　　　　　　　　　　　　　　　　　）

②もう1度言っていただけますか？ Qǐng zài shuō yí biàn, hǎo ma?

（　　　　　　　　　　　　　　　　　　　　　　　　　　　　　　　）

発音チェック　　　　　　　　　　🔊 078

子音④：fとh　　（p.6-7）

日本語の発音とは違うことに注意して発音しよう。

f(a)	英語のfと同じように、上の歯を下唇にあてた状態から母音を発音する。日本語の「ファ」とは違う。
h(a)	「ハァー」と寒いときに息を吐くように喉の奥から発音する。

練習 ①法国 Fǎguó(フランス)　　②喝 hē(飲む)
　　　　③飞机 fēijī(飛行機)　　④你好。Nǐ hǎo.(こんにちは。)

語彙量UP!　　　　　　　　　　🔊 079

時点⑥：時刻（〜分）

〜分 fēn(〜分)

一分 yī fēn　　二分 èr fēn　　十分 shí fēn

二十一分 èrshiyī fēn　　五十九分 wǔshijiǔ fēn　　几分 jǐ fēn(何分)

※1分〜9分は前に"零 líng"をつけて、零三分、零四分とも言う。

十五分 shíwǔ fēn　　　=　一刻 yí kè

三十分 sānshí fēn　　　=　半 bàn

四十五分 sìshiwǔ fēn　　=　三刻 sān kè

▌文法ポイント

1 "（是）〜的"文 🔊 080

・"（是）〜的"文は、すでに「〜を買った、〜に行った」などの完了した動作に対して、「いつ、どこで、誰と、どうやって」と具体的に聞いたり、答えたりする時に使う。

A：我昨天去看电影了。Wǒ zuótiān qù kàn diànyǐng le.
（昨日映画を観に行ったよ。）

B：是吗，你是跟谁一起去的？ Shì ma, nǐ shì gēn shéi yìqǐ qù de?
（そうなんだ、誰と一緒に行ったの？）

・AがBに「映画を観に行った」という出来事を初めて話す時には"了"を使う。
・Bが、さらに具体的に「誰と」行ったのかを聞く時、中国語では"了"から"（是）〜的"に変わる。日本語ではどちらも「行った」となるが、Bのセリフを"×你跟谁一起去了？"とするのは間違い。
・肯定文、疑問文は、"是"を省略できるが、否定文では省略せず"不是〜的。"となる。

A：那个书包，你什么时候买的？ Nàge shūbāo, nǐ shénme shíhou mǎi de?
（そのカバン、いつ買ったの？）

B：星期天买的。Xīngqītiān mǎi de.
（日曜日に買ったんだよ。）

・Aは、Bが新しいカバンを買ったことに気づき、具体的に「いつ」買ったのかを聞いている。

2 前置詞："跟 gēn"/"和 hé"〜と 🔊 081

・"跟"/"和"＋人、動物など＋動詞＋目的語

1. A：你跟我一起去，好吗？ Nǐ gēn wǒ yìqǐ qù, hǎo ma?
（私と一緒に行きませんか？）

  B：好啊，几点去？ Hǎo a, jǐ diǎn qù?
（いいよ、何時に行く？）

2. A：你和谁一起去的？ Nǐ hé shéi yìqǐ qù de?
（誰と一緒に行ったの？）

  B：我和弟弟一起去的。Wǒ hé dìdi yìqǐ qù de.
（弟と一緒に行ったんだよ。）

練習問題

1 次の中国語のピンインを書き入れ、発音しましょう。

(1) 跟（　　　　　　）　(2) 电影（　　　　　　　　）　(3) 书包（　　　　　　　　）

(4) 谁（　　　　　　）　(5) 买（　　　　　　　　）　(6) 哪儿（　　　　　　　　）

2 次の日本語とピンインを見て、中国語に訳しましょう。

(1) 昨日映画を観に行ったよ。Wǒ zuótiān qù kàn diànyǐng le.

（　　　　　　　　　　　　　　　　　　　　　　　　）

(2) 誰と一緒に行ったの？ Nǐ shì gēn shéi yìqǐ qù de?

（　　　　　　　　　　　　　　　　　　　　　　　　）

(3) いつ買ったの？ Nǐ shì shénme shíhou mǎi de?

（　　　　　　　　　　　　　　　　　　　　　　　　）

3 音声を聞いて、発音された順番に番号（1〜6）をふりましょう。 ◀) 082

カバン（　　　）　　　　映画（　　　）　　　　昨日（　　　）

何時に行く（　　　）　　一緒に行く（　　　）　　誰と行く（　　　）

メモ ● 間違えた所、忘れていた所などをチェックしておきましょう！

置き換え練習

SCENE 1 ○時に着いたのです。　🔊 083

你是几点到的？

我是<u>八点二十分</u>到的。

あなた、何時に着いたの？ Nǐ shì jǐ diǎn dào de?　　8時20分に着きました。 Wǒ shì bā diǎn èrshí fēn dào de.

🔄 置き換え

～点 diǎn	～分 fēn	刚刚 gānggāng（さっき）
两点 liǎng diǎn（2時）	一刻 yí kè（15分）	半 bàn（半）　　三刻 sān kè（45分）

👆 ポイント

"你是几点到的？"（何時に着いたの？）

・目の前にその人がいる＝その人が着いたことは分かっている。

・そのうえで、具体的に「いつ」着いたのかを聞くので"是～的"文を使う。

SCENE 2 ○○と行ったんです。　🔊 084

你跟谁一起去的？

<u>跟姐姐</u>一起去的。

誰と一緒に行ったの？ Nǐ gēn shéi yìqǐ qù de?　　お姉ちゃんと一緒に行ったのよ。 Gēn jiějie yìqǐ qù de.

🔄 置き換え

朋友 péngyou（友達）	家人 jiārén（家族）	
妹妹 mèimei（妹）	弟弟 dìdi（弟）	哥哥 gēge（兄）

我一个人去的。 Wǒ yí ge rén qù de.（1人で行ったんです。）

スケジュールが言える

ペアでスケジュールについて話してみましょう。

練習方法

Step① 下線部に自分の情報を記入し、ピンインを見ながら正しい発音を意識しましょう。

Step② Aパートの人は教科書を見て質問し、Bパートの人は教科書を見ずに答えましょう。

Step③ 中国語を隠して、日本語だけを見て練習しましょう。

🔊 085

	Aパート	Bパート	日本語訳
①	Nǐ měi tiān jǐ diǎn qǐchuáng? 你每天几点起床?	Wǒ měi tiān＿＿＿diǎn qǐchuáng. 我每天＿＿＿点起床。	A：毎日何時に起きるの？ B：毎日＿＿＿＿＿＿時に起きるよ。
②	Nǐ zuótiān jǐ diǎn shuìjiào de? 你昨天几点睡觉的？	Wǒ zuótiān＿＿＿diǎn shuìjiào de. 我昨天＿＿＿点睡觉的。	A：昨日は何時に寝たの？ B：昨日は＿＿＿＿＿＿時に寝たよ。
③	Nǐ gēn shéi chī wǔfàn? 你跟谁吃午饭？	Wǒ gēn＿＿＿＿＿chī wǔfàn. 我跟＿＿＿＿＿吃午饭。	A：誰と昼食を食べるの？ B：＿＿＿＿＿＿と昼食を食べる。
④	Xiàle kè, nǐ zuò shénme? 下了课，你做什么？	Xiàle kè, wǒ＿＿＿＿＿. 下了课，我＿＿＿＿＿。	A：授業が終わったら、何するの？ B：授業が終わったら＿＿＿＿＿。
⑤	Nǐ měi tiān zěnme lái xuéxiào? 你每天怎么来学校？	Wǒ měi tiān＿＿＿lái xuéxiào. 我每天＿＿＿来学校。	A：毎日どうやって学校に来てるの？ B：毎日＿＿＿＿＿で来てる。
⑥	Nǐ jīntiān jǐ diǎn lái de xuéxiào? 你今天几点来的学校？	Wǒ jīntiān＿＿＿diǎn lái de. 我今天＿＿＿点来的。	A：今日は何時に学校に来たの？ B：今日は＿＿＿＿＿時に来たよ。
自由記述			

🎧 置き換え

吃 chī（食べる）：早饭 zǎofàn（朝食）／午饭 wǔfàn（昼食）／晚饭 wǎnfàn（夕食）

去打工 qù dǎgōng（アルバイトに行く）　　去玩儿 qù wánr（遊びに行く）

去社团 qù shètuán（サークルに行く）　　回家 huí jiā（家に帰る）

2

チャレンジ2 1日のスケジュールを紹介してみましょう。

【目的・ねらい】

これまでに習った単語や表現を使えば、朝起きてから寝るまでの1日のスケジュールが言えます。ここで半年間の総復習をしましょう！

✔ **チェックポイント**

・話す順番をアレンジしたり、【自由記述】に追加情報を加え、文を完成させましょう。
・時間（目標は30秒程度）を計って、すらすら言えるようになるまで繰り返し練習しましょう。
・聞き手のことを考えて、早口にならないようにはっきりと大きな声で言いましょう。

◀)) 086

①起床	Wǒ zǎoshang_____diǎn qǐchuáng. 我早上_____点起床。
②朝食	_____diǎn chī zǎofàn. _____点吃早饭。
③登校時間、通学手段	_____diǎn_____qù xuéxiào. _____点_____去学校。
④昼食	Zhōngwǔ gēn_____chī wǔfàn. 中午跟_____吃午饭。
⑤帰宅	_____diǎn huí jiā. _____点回家。
⑥夕食	Wǎnshang_____diǎn chī wǎnfàn. 晚上_____点吃晚饭。
⑦夕食後の行動	Chīle wǎnfàn, jiù_____. 吃了晚饭，就_____。
⑧就寝	Wǎnshang_____diǎn shuìjiào. 晚上_____点睡觉。
⑨【自由記述】	

○△ 置き換え

上课 shàngkè（授業を受ける）　　下课 xiàkè（授業が終わる）
跟 gēn（～と）：家人 jiārén（家族）　　父母 fùmǔ（両親）

★ ★ ★ ★

Part 3

第9課～第13課

「店での注文、接客ができる」

達成目標

・中国旅行の際、お店に行って
　中国語で注文ができるようになる。

・アルバイト先で中国人観光客に対して、
　中国語で接客ができるようになる。

第 9 課　何を食べたいですか？

1　助動詞"想xiǎng"、"要yào"：〜したい

2　"不要búyào"、"別bié"：〜しないで

第 10 課　ここにトイレはありますか？

1　動詞"在zài"：〜にある（所在）

2　"有yǒu"：〜にある（存在）

第 11 課　中国語を話せます。

1　〜できる①："会huì"

2　"一点儿yìdiǎnr"

第 12 課　クレジットカードは使えますか？

1　〜できる②："能néng"、"可以kěyǐ"

2　2つの目的語を取る動詞

第 13 課　いくついりますか？

1　量詞

2　A "还是háishi" B？：AそれともB？

その他の学習内容

各課1ページ目の「発音チェック」、「語彙量UP！」は、
自宅で予習、復習しておこう！

発音チェック

【発音編】で学習した発音やピンインの読み方を、
毎週少しずつ復習し、定着させよう！

第 9 課 3つの"i"

第10課 声調の組み合わせ①：第1声＋第○声

第11課 声調の組み合わせ②：第2声＋第○声

第12課 声調の組み合わせ③：第3声＋第○声

第13課 声調の組み合わせ④：第4声＋第○声

語彙量ＵＰ！

語彙量がアウトプットの決め手。
どんどん語彙を増やしていこう！

第 9 課 色の言い方

第10課 100以上の数字①

第11課 100以上の数字②

第12課 買い物に関する言葉

第13課 ドラッグストアの商品

第 9 課 何を食べたいですか?

▌前課の振り返り

次の日本語を中国語に訳し、発音しましょう。

①いつ買ったの? Nǐ shì shénme shíhou mǎi de?

( )

②私と一緒に行きませんか? Nǐ gēn wǒ yìqǐ qù, hǎo ma?

( )

▌発音チェック ◀)) 087

3つの"i"

①〜③のiは、口の開き方(横への引き方)が違うので、写真を見てしっかりと覚えましょう。

①通常のi (yi di qi など)	②zi ci si のi	③zhi chi shi ri のi
口をしっかり 横に引く	①と③の中間	口を引きすぎない (舌をそるので、横に 引くと発音しづらい)

▌練習 ①qī ②cī ③shī

▌語彙量UP! ◀)) 088

色の言い方

颜色 yánsè(色)　　什么颜色 shénme yánsè(何色)

白色 báisè(白色)　　黑色 hēisè(黒色)　　红色 hóngsè(赤色)　　蓝色 lánsè(青色)

绿色 lǜsè(緑色)　　黄色 huángsè(黄色)　　粉色 fěnsè(ピンク)

文法ポイント

1 助動詞 "想 xiǎng"、"要 yào"：〜したい 🔊 089

"想 xiǎng" / "要 yào" ＋動詞＋目的語
・"要" は、"想" よりも「〜したい」という気持ちが比較的強い。

1．A：晚上你想吃什么？　Wǎnshang nǐ xiǎng chī shénme?
　　（夜は何を食べたい？）

　　B：我想吃意大利面。Wǒ xiǎng chī Yìdàlìmiàn.
　　（パスタを食べたいなぁ。）

2．A：我要去星巴克喝咖啡。Wǒ yào qù Xīngbākè hē kāfēi.
　　（私、スタバにコーヒーを飲みに行きたい。）

　　B：我也要去！　Wǒ yě yào qù!
　　（私も行きたい！）

👆 ポイント

否定「〜したくない」は、"不想〜"。
　我现在不想喝。Wǒ xiànzài bù xiǎng hē.（私、今は飲みたくない。）

2 "不要 búyào"、"别 bié"：〜しないで 🔊 090

"不要〜"、"别〜" は、命令口調なので、「〜しないでください、〜しないでもらえますか？」と柔らかい口調で言いたい場合は、"请〜" または "〜好吗？" などをつけるとよい。

1．请不要拥挤，请排队。Qǐng búyào yōngjǐ, qǐng páiduì.
　　（押さないでください、列に並んでください。）

2．别生气，好吗？我不是故意的。Bié shēngqì, hǎo ma? Wǒ bú shì gùyì de.
　　（怒らないでもらえますか？わざとじゃないんです。）

練習問題

1 次の中国語のピンインを書き入れ、発音しましょう。

(1) 想(　　　　　　)　　(2) 要(　　　　　　)　　(3) 別(　　　　　　)

(4) 喝(　　　　　　)　　(5) 咖啡(　　　　　　)　　(6) 排队(　　　　　　)

2 次の日本語とピンインを見て、中国語に訳しましょう。

(1) 何食べたい？ Nǐ xiǎng chī shénme?

(　　　　　　　　　　　　　　　　　　　　)

(2) 私も行きたいです。Wǒ yě yào qù.

(　　　　　　　　　　　　　　　　　　　　)

(3) 押さないでください。Qǐng búyào yōngjǐ.

(　　　　　　　　　　　　　　　　　　　　)

3 音声を聞いて、発音された順番に番号（1〜6）をふりましょう。 🔊 091

パスタ(　　)　　　　スターバックス(　　)　　　列に並ぶ(　　)

食べたい(　　)　　　食べたくない(　　)　　　怒る(　　)

--- ✎ メモ ● 間違えた所、忘れていた所などをチェックしておきましょう！ ---

置き換え練習

SCENE 1 ○○茶が飲みたいです。

◀» 092

你要喝什么茶？

我要喝茉莉花茶。

どんなお茶を飲みたいですか？
Nǐ yào hē shénme chá?

ジャスミン茶が飲みたいです。
Wǒ yào hē mòlìhuāchá.

置き換え

乌龙茶 wūlóngchá　　　绿茶 lǜchá　　　　　普洱茶 pǔ'ěrchá
红茶 hóngchá　　　　　珍珠奶茶 zhēnzhū nǎichá

ポイント

中華料理店では、お茶は急須で出てくることが多く、お湯のお代わりができます。
茶葉の種類も豊富なので、是非いろんなお茶を飲み比べてみましょう。

拡張表現

都可以。Dōu kěyǐ.(なんでもいいよ。)

SCENE 2 ○○しないでください。

◀» 093

请不要拥挤。

不好意思。

押さないでください。Qǐng búyào yōngjǐ.

すみません。Bù hǎoyìsi.

置き換え

拍照 pāizhào(写真を撮る)　　　吸烟 xī yān(タバコを吸う)
吃东西 chī dōngxi(物を食べる)　乱扔垃圾 luàn rēng lājī(むやみにゴミを捨てる)

好的。Hǎo de.(わかりました。)　　对不起。Duìbuqǐ.(すみません。)

第10課 ここにトイレはありますか?

▌前課の振り返り

次の日本語を中国語に訳し、発音しましょう。

①何を食べたいですか? Nǐ xiǎng chī shénme?

(　　　　　　　　　　　　　　　　　　　　　　　　　　　　　　　　　)

②押さないでください! Qǐng búyào yōngjǐ!

(　　　　　　　　　　　　　　　　　　　　　　　　　　　　　　　　　)

▌発音チェック　　　　　　　　　　　　　　🔊 094

声調の組み合わせ①:第1声+第○声　　(p.15)

	第1声	第2声	第3声	第4声	軽声
第1声	Dōngjīng 东京(東京)	Zhōngguó 中国(中国)	Yīngyǔ 英语(英語)	yīnyuè 音乐(音楽)	māma 妈妈(母)

・第1声を高く、平らに発音できると、4つの声調のメリハリがつく。

▌語彙量UP!　　　　　　　　　　　　　　🔊 095

100以上の数字①

一百 yìbǎi 　　二百 èrbǎi / 两百 liǎngbǎi 　　三百 sānbǎi 　…… 　九百 jiǔbǎi

一千 yìqiān 　　两千 liǎngqiān 　　三千 sānqiān 　…… 　九千 jiǔqiān

一万 yí wàn 　　两万 liǎng wàn 　　三万 sān wàn 　…… 　九万 jiǔ wàn

👆 ポイント
・200は、"二百"、"两百"どちらでも可。
・"一"は、後ろの漢字によって声調が変わる (p.47参照)。

文法ポイント

1 動詞"在 zài"：〜にある（所在） 🔊 096

・物/建物 +"在 / 不在"+場所：物/建物は、場所です（にあります/ありません）。

1. A：请问，口罩在哪儿？ Qǐngwèn, kǒuzhào zài nǎr?
   （すみません、マスクはどこにありますか？）
   B：在那儿。Zài nàr.
   （そこです。）

2. A：洗手间在哪儿？ Xǐshǒujiān zài nǎr?
   （トイレはどこですか？）
   B：在二楼。Zài èr lóu.
   （2階です。）

指示代名詞（場所）

ここ	そこ、あそこ	どこ
这儿 zhèr / 这里 zhèli	那儿 nàr / 那里 nàli	哪儿 nǎr / 哪里 nǎli

・"哪里"nǎli は、実際には náli と発音する。

2 "有 yǒu"：〜にある（存在） 🔊 097

・場所 +"有 / 没有"+物/建物：場所に、物/建物があります/ありません。
・"有"の後ろには、特定の物/建物は置けない。

1. A：这儿有口罩吗？ Zhèr yǒu kǒuzhào ma?
   （ここにマスクはありますか？）
   B：现在没有。Xiànzài méiyǒu.
   （今は品切れです。）

2. A：请问，这附近有洗手间吗？ Qǐngwèn, zhè fùjìn yǒu xǐshǒujiān ma?
   （すみません、この近くにトイレはありますか？）
   B：有，在二楼。Yǒu, zài èr lóu.
   （あります、2階です。）

👆 ポイント

・日本語ではどちらも「〜はありますか？」と訳すため、"在"と"有"の語順の違いに注意すること。

	例文	ポイント	語順
在	洗手间在哪儿？ （トイレはどこにありますか？）	トイレが、どこにあるのか、その所在地を聞く、言う	物/建物 +"在"+場所
有	这附近有洗手间吗？ （この近くにトイレはありますか？）	トイレが、○○にあるか、ないか、その存在を聞く、言う	場所 +"有"+物/建物

練習問題

1 次の中国語のピンインを書き入れ、発音しましょう。

(1) 在(　　　　　)　(2) 有(　　　　　)　(3) 洗手间(　　　　　)

(4) 口罩(　　　　　)　(5) 请问(　　　　　)　(6) 二楼(　　　　　)

2 次の日本語とピンインを見て、中国語に訳しましょう。

(1) すみません、トイレはどこにありますか？ Qǐngwèn, xǐshǒujiān zài nǎr?

(　　　　　　　　　　　　　　　　　　　　　)

(2) ここにマスクはありますか？ Zhèr yǒu kǒuzhào ma?

(　　　　　　　　　　　　　　　　　　　　　)

(3) 今は品切れです。Xiànzài méiyǒu.

(　　　　　　　　　　　　　　　　　　　　　)

3 音声を聞いて、発音された順番に番号（1〜6）をふりましょう。 🔊 098

マスク(　　)　　　トイレ(　　)　　　そこ(　　)

どこ(　　)　　　ここ(　　)　　　一階(　　)

メモ　間違えた所、忘れていた所などをチェックしておきましょう！

置き換え練習

SCENE 1 ○○はどこですか？ 🔊099

洗手间在哪儿？
在那儿。

トイレはどこにありますか？ Xǐshǒujiān zài nǎr?　　　あそこです。 Zài nàr.

置き換え
收银台 shōuyíntái（レジ）　　　取款机 qǔkuǎnjī（ATM）
服务台 fúwùtái（インフォメーションカウンター）　　　书店 shūdiàn（書店）
美食广场 měishí guǎngchǎng（フードコート）

SCENE 2 〈レストランで〉○○はありますか？ 🔊100

有勺子吗？
有。

スプーンはありますか？ Yǒu sháozi ma?　　　ございます。 Yǒu.

置き換え
叉子 chāzi（フォーク）　　　刀子 dāozi（ナイフ）
盘子 pánzi（大きい皿）　　　碟子 diézi（小さい皿）
中文菜单 Zhōngwén càidān（中国語のメニュー）　　　日文菜单 Rìwén càidān（日本語のメニュー）

ポイント
"汉语、日语、英语"は、話し言葉としての言語を表し、"中文、日文、英文"は、文章としての言語を表す場合が多い。

第11課 中国語を話せます。

▌前課の振り返り

次の日本語を中国語に訳し、発音しましょう。

①トイレはどこですか？ Xǐshǒujiān zài nǎr?

（　　　　　　　　　　　　　　　　　　　　　　　　　　　）

②この近くにトイレはありますか？ Zhè fùjìn yǒu xǐshǒujiān ma?

（　　　　　　　　　　　　　　　　　　　　　　　　　　　）

▌発音チェック　🔊 101

声調の組み合わせ②：第2声＋第○声　（p.15）

	第1声	第2声	第3声	第4声	軽声
第2声	qiánbāo 钱包(財布)	zúqiú 足球(サッカー)	cídiǎn 词典(辞書)	xuéxiào 学校(学校)	péngyou 朋友(友達)

・最初の第2声が第3声のように低くなりやすいので、第2声は一気に上げることを意識する。

▌語彙量UP!　🔊 102

100以上の数字②

①間に0が入る時は、"零 líng"を入れる。

　　101 一百零一 yìbǎi líng yī　　305 三百零五 sānbǎi líng wǔ

　※0がいくつ続いても、"零 líng"は1つ。

　　1001 一千零一 yìqiān líng yī　　30005 三万零五 sān wàn líng wǔ

②3桁以上の数で、10～19がある時は、"十"の前に"一"が必要。

　　111 一百一十一 yìbǎi yīshiyī　　210 二百一十 èrbǎi yī shí　×一百十　二百十

③末尾が0の時は、"十、百、千"を省略できる。

　　110 一百一（十）yìbǎi yī (shí)　　6400 六千四（百）liùqiān sì (bǎi)

文法ポイント

1 〜できる①："会 huì" ◀) 103

・主語＋"会 / 不会"＋動詞＋目的語　「〜（をすることが）できる / できない」
・語学 / スポーツ / 楽器 / 料理 / 車の運転など、学習や練習によって身について「できる」ことに使う。
・答えは、"会。"（できます。）、"不会。"（できません。）だけでもよい。

1. A：你会做菜吗？　Nǐ huì zuò cài ma?
   （料理作れる？）

   B：我会做菜。Wǒ huì zuò cài.
   （料理作れるよ。）

2. A：你会游泳吗？　Nǐ huì yóuyǒng ma?
   （泳げる？）

   B：我不会。Wǒ bú huì.
   （泳げないです。）

2 "一点儿 yìdiǎnr" ◀) 104

・動詞＋"一点儿"/形容詞＋"一点儿"で、「少し、ちょっと〜」という意味を表す。
・話し言葉では、"一"を省略することも多い。

1. 我会说一点儿汉语。Wǒ huì shuō yìdiǎnr Hànyǔ.
   （私は少し中国語を話せます。）

2. 便宜一点儿，好吗？　Piányi yìdiǎnr, hǎo ma?
   （少し安くしてくれませんか？）

3. 请慢点儿说，好吗？　Qǐng màn diǎnr shuō, hǎo ma?
   （もう少しゆっくり話していただけますか？）

4. 有大一点儿的吗？　Yǒu dà yìdiǎnr de ma?
   （もう少し大きいのはありますか？）

1 次の中国語のピンインを書き入れ、発音しましょう。

(1) 游泳(　　　　　)　(2) 做菜(　　　　　)　(3) 一点儿(　　　　　)

(4) 英语(　　　　　)　(5) 汉语(　　　　　)　(6) 会(　　　　　)

2 次の日本語とピンインを見て、中国語に訳しましょう。

(1) 泳げますか？ Nǐ huì yóuyǒng ma?

(　　　　　　　　　　　　　　　　　　　)

(2) 私は少し中国語を話せます。 Wǒ huì shuō yìdiǎnr Hànyǔ.

(　　　　　　　　　　　　　　　　　　　)

(3) 少し安くしてくれませんか？ Piányi yìdiǎnr, hǎo ma?

(　　　　　　　　　　　　　　　　　　　)

3 音声を聞いて、発音された順番に番号(1〜6)をふりましょう。 🔊 105

大きい(　　)　　　安い(　　)　　　泳ぐ(　　)

料理を作る(　　)　　話せる(　　)　　話せない(　　)

メモ ● 間違えた所、忘れていた所などをチェックしておきましょう！

置き換え練習

SCENE 1 ○○語が○○（程度を表す言葉）話せます。　🔊 106

日本語を話せますか？ Nǐ huì shuō Rìyǔ ma?　　　　　　　　　　話せます。 Wǒ huì shuō.

○△ 置き換え

汉语 Hànyǔ（中国語）　　　　英语 Yīngyǔ（英語）　　　　韩语 Hányǔ（韓国語）

会说一点儿。 Huì shuō yìdiǎnr.（少しだけ話せる。）　　　不会说。 Bú huì shuō.（話せない。）
一点儿也不会说。 Yìdiǎnr yě bú huì shuō.（全く話せない。）

SCENE 2 もう少し○○のはありますか？　🔊 107

请问，有大一点儿的吗？

有。

すみません、もう少し大きいのはありますか？ Qǐngwèn, yǒu dà yìdiǎnr de ma?　　　あります。 Yǒu.

○△ 置き換え

小 xiǎo（小さい）　　　　便宜 piányi（安い）
长 cháng（長い）　　　　短 duǎn（短い）
不好意思，没有了。 Bù hǎoyìsi, méiyǒu le.（申し訳ございません、なくなりました。）

第12課 クレジットカードは使えますか?

▌前課の振り返り

次の日本語を中国語に訳し、発音しましょう。

① 料理作れますか? Nǐ huì zuò cài ma?

(　　　　　　　　　　　　　　　　　　　　　　　　　　　　　　　　)

② 私は少し中国語を話せます。 Wǒ huì shuō yìdiǎnr Hànyǔ.

(　　　　　　　　　　　　　　　　　　　　　　　　　　　　　　　　)

▌発音チェック　　　　　　　　　　　　　　🔊 108

声調の組み合わせ③：第3声＋第○声　（p.15）

	第1声	第2声	第3声	第4声	軽声
第3声	Běijīng 北京(北京)	Měiguó 美国(アメリカ)	shǒubiǎo 手表(腕時計)	shǔjià 暑假(夏休み)	wǒmen 我们(私たち)

・最初の第3声が、第2声にならないように、低く抑えて発音する。

・第3声＋第3声は、第2声＋第3声で発音する。（p.30）

▌語彙量UP!　　　　　　　　　　　　　　🔊 109

買い物に関する言葉

免税店 miǎnshuìdiàn（免税店）　　　　信用卡 xìnyòngkǎ（クレジットカード）

免费 miǎnfèi（無料）　　　　　　　　签名 qiānmíng（サインをする）

服务员 fúwùyuán（店員）　　※店員に用がある時には、"服务员！"と呼びかける。

文法ポイント

1 〜できる②："能 néng"、"可以 kěyǐ"　🔊 110

・"能 / 可以" ＋動詞「（条件が備わっていて）〜できる、〜してもよい」
・"不可以〜" は禁止（〜するな）の意味が強く、否定形は "不能〜" を使うことが多い。

1. A：这儿能刷卡吗？　Zhèr néng shuākǎ ma?
   （ここは、クレジットカードを使えますか？）

   B：可以。Kěyǐ.
   （使えますよ。）

2. A：这儿可以拍照吗？　Zhèr kěyǐ pāizhào ma?
   （ここで写真を撮ってもいいですか？）

   B：这儿不能拍照。Zhèr bù néng pāizhào.
   （ここで写真は撮れません。）

3. A：哪儿可以吸烟？　Nǎr kěyǐ xī yān?
   （どこでタバコを吸えますか？）

   B：外面的吸烟室可以吸烟。Wàimiàn de xīyānshì kěyǐ xī yān.
   （外の喫煙所で吸えます。）

2 2つの目的語を取る動詞　🔊 111

・中国語の多くの動詞は、目的語を1つしか取れないが、"给" や "教" など一部の動詞は、後ろに 人（…に）＋物、情報（〜を）という2つの目的語を取れる。

> **よく使う2つの目的語を取る動詞**
> 给 gěi（あげる、もらう）　　教 jiāo（教える）
> 告诉 gàosu（知らせる、言う）　问 wèn（質問する、聞く）
> 送 sòng（送る、プレゼントする）　还 huán（返す）

1. A：我问你一个问题，可以吗？　Wǒ wèn nǐ yí ge wèntí, kěyǐ ma?
   （1つ質問してもいいですか？）

   B：可以，你说吧。Kěyǐ, nǐ shuō ba.
   （いいですよ、言ってください。）

2. A：你教我汉语，好吗？　Nǐ jiāo wǒ Hànyǔ, hǎo ma?
   （私に中国語を教えてくれない？）

   B：好啊！　Hǎo a!
   （いいよ！）

練習問題

1 次の中国語のピンインを書き入れ、発音しましょう。

(1) 可以(　　　　　　　) (2) 能(　　　　　　　) (3) 拍照(　　　　　　　)

(4) 刷卡(　　　　　　　) (5) 礼物(　　　　　　　) (6) 教(　　　　　　　)

2 次の日本語とピンインを見て、中国語に訳しましょう。

(1) ここで写真を撮ってもいいですか？ Zhèr kěyǐ pāizhào ma?

(　　　　　　　　　　　　　　　　　　　　　　)

(2) ここでタバコは吸えません。 Zhèr bù néng xī yān.

(　　　　　　　　　　　　　　　　　　　　　　)

(3) 1つ質問していいですか？ Wǒ wèn nǐ yí ge wèntí, kěyǐ ma?

(　　　　　　　　　　　　　　　　　　　　　　)

3 音声を聞いて、発音された順番に番号（1〜6）をふりましょう。 🔊 112

クレジットカードを使う(　　　) 写真を撮る(　　　) タバコを吸う(　　　)

ここ(　　　) 教える(　　　) 質問する(　　　)

メモ ● 間違えた所、忘れていた所などをチェックしておきましょう！

┃置き換え練習

SCENE 1 ここは○○できますか？　　　🔊 113

ここは、クレジットカードを使えますか？　Zhèr kěyǐ yòng xìnyòngkǎ ma?　　　　使えます。Kěyǐ.

🔄▲ **置き換え**

现金 xiànjīn（現金）　　　　　银联卡 Yínliánkǎ（銀聯カード）
支付宝 Zhīfùbǎo（AliPay）　　　微信支付 Wēixìn zhīfù（WeChatPay）
現在中国では、"支付宝"や"微信支付"などのQRコード決済サービスが一般的。

SCENE 2 すみません、○○を頂けますか？　　　🔊 114

すみません！お箸をください。　　　　　　　分かりました。少々お待ちください。
Fúwùyuán! Máfan gěi wǒ kuàizi.　　　　　　Hǎo de, qǐng shāo děng.

🔄△ **置き換え**

吸管 xīguǎn（ストロー）　　　餐巾纸 cānjīnzhǐ（紙ナプキン）　　　杯子 bēizi（コップ）

第13課 いくついりますか？

▎前課の振り返り

次の日本語を中国語に訳し、発音しましょう。

①ここはクレジットカードが使えますか？ Zhèr néng shuākǎ ma?

（　　　　　　　　　　　　　　　　　　　　　　　　　　　　　　　）

②私に中国語を教えてもらえますか？ Nǐ jiāo wǒ Hànyǔ, hǎo ma?

（　　　　　　　　　　　　　　　　　　　　　　　　　　　　　　　）

▎発音チェック　　　　　　　　　　　◀》115

声調の組み合わせ④：第4声＋第○声　（p.15）

	第1声	第2声	第3声	第4声	軽声
第4声	qìchē 汽车(車)	wàiguó 外国(外国)	Hànyǔ 汉语(中国語)	diànshì 电视(テレビ)	bàba 爸爸(父)

・第4声は高いところから急激に、鋭く下げて発音する。

▎語彙量UP!　　　　　　　　　　　◀》116

ドラッグストアの商品

药妆店 yàozhuāngdiàn（ドラッグストア）　　感冒药 gǎnmàoyào（風邪薬）

化妆品 huàzhuāngpǐn（化粧品）　　　　　消毒液 xiāodúyè（消毒液）

防晒霜 fángshàishuāng（日やけ止め）　　补充剂 bǔchōngjì（サプリメント）

▍文法ポイント

1 量詞　🔊 117

・数詞＋量詞＋名詞
・動詞（＋了）＋〈数詞＋量詞＋名詞〉　　※"了"は動詞のすぐ後ろ
・"一"は後ろの単語（量詞）によって声調が変わる。「2」は"两 liǎng"を使う。(p.47)

量詞	特徴	例	量詞	特徴	例
个 ge	①広く個体 ②人	苹果 píngguǒ（りんご） 人 rén（人）	件 jiàn	上に着る服	衬衫 chènshān（シャツ） Ｔ恤衫 T xùshān（Tシャツ）
本 běn	書籍	书 shū（本） 杂志 zázhì（雑誌）	份 fèn	○人前	水饺 shuǐjiǎo（水餃子） 炒饭 chǎofàn（チャーハン）
张 zhāng	平面が目立つもの	票 piào（チケット） 照片 zhàopiàn（写真） 桌子 zhuōzi（机）	杯 bēi	カップを単位	茶 chá（お茶） 咖啡 kāfēi（コーヒー） 可乐 kělè（コーラ）

※その他の常用の量詞は、p.107 参照。

1. 我买了两张票。 Wǒ mǎile liǎng zhāng piào.
（チケットを2枚買いました。）

2. 你要几个？ Nǐ yào jǐ ge?
（いくついりますか？）

👆 ポイント

・「この/あの/どの〜」と言う時、中国語では量詞が必要。　×这人　×那书
这个人 zhège rén（この人）　那本书 nà běn shū（あの本）　哪张桌子 nǎ zhāng zhuōzi（どの机）

2 A"还是 háishi"B？：AそれともB？　🔊 118

・A 还是 háishi B？（AそれともB？）　※"吗"はつけない。

1. 你要冰的还是要热的？ Nǐ yào bīng de háishi yào rè de?
（アイスですか、ホットですか？）

2. 微信支付还是支付宝？ Wēixìn zhīfù háishi Zhīfùbǎo?
（WeChatPayですか、AliPayですか？）

3. 大杯、中杯还是小杯？ Dàbēi, zhōngbēi háishi xiǎobēi?
（[カップのサイズは]L、M、それともSですか？）

▌練習問題

1 次の中国語のピンインを書き入れ、発音しましょう。

(1) 苹果（　　　　　　　） 　(2) 杂志（　　　　　　　） 　(3) 桌子（　　　　　　　　）

(4) 杯（　　　　　　　） 　(5) 张（　　　　　　　） 　(6) 还是（　　　　　　　　）

2 次の日本語とピンインを見て、中国語に訳しましょう。

(1) 私は2冊の本を買いました。Wǒ mǎile liǎng běn shū.

　　（　　　　　　　　　　　　　　　　　　　　　　　　　　）

(2) 何枚チケットがいりますか？ Nǐ yào jǐ zhāng piào?

　　（　　　　　　　　　　　　　　　　　　　　　　　　　　）

(3) アイスですか、ホットですか？ Nǐ yào bīng de háishi yào rè de?

　　（　　　　　　　　　　　　　　　　　　　　　　　　　　）

3 音声を聞いて、発音された順番に番号（1〜6）をふりましょう。 🔊 119

アイス（　　） 　　　　　ホット（　　） 　　　　　WeChatPay（　　）

AliPay（　　） 　　　　　1冊の本（　　） 　　　　　1枚のチケット（　　）

―――――――――●　メモ　●　間違えた所、忘れていた所などをチェックしておきましょう！ ―――――――――

置き換え練習

SCENE **1** ○○をください。 🔊 120

您要喝点儿什么?

我要一杯热咖啡。

（飲み物は）何になさいますか？
Nín yào hē diǎnr shénme?

ホットコーヒーを1杯ください。
Wǒ yào yì bēi rè kāfēi.

置き換え

杯 bēi：冰咖啡 bīng kāfēi 珍珠奶茶 zhēnzhū nǎichá
份 fèn：水饺 shuǐjiǎo 小笼包 xiǎolóngbāo
瓶 píng（ビンに入っているものを数える）：啤酒 píjiǔ 可乐 kělè

SCENE **2** ○○か、それとも△△ですか？ 🔊 121

大杯还是小杯?

小杯。

Lサイズですか、Sサイズですか？ Dàbēi háishi xiǎobēi?　　　　　Sサイズで。Xiǎobēi.

置き換え

牛肉 niúròu（牛肉）/ 猪肉 zhūròu（豚肉）
面条 miàntiáo（麺）/ 米饭 mǐfàn（ご飯）
热的 rè de（ホット）/ 冰的 bīng de（アイス）

「店での注文、接客ができる」

チャレンジ1 カフェの店員と客になって、下のメニュー（"菜单"）から注文してみましょう。

練習方法

Step① 下線部に自分の情報を記入し、ピンインを見ながら正しい発音を意識しましょう。

Step② Aパートの人は教科書を見て質問し、Bパートの人は教科書を見ずに答えましょう。

Step③ 中国語を隠して、日本語だけを見て練習しましょう。

🔊 122

	A：服务员 fúwùyuán（店員）	B：客人 kèren（客）	日本語訳
①	欢迎光临。几位? Huānyíng guānglín. Jǐ wèi?	_____个人。 _____ ge rén.	A：いらっしゃいませ。何名様ですか? B：_____人です。
②	您要喝点儿什么? Nín yào hē diǎnr shénme?	我要一杯_____。 Wǒ yào yì bēi _____.	A：（飲み物は）何になさいますか? B：_____を1つください。
③	热的还是冰的? Rè de háishi bīng de?	_____。	A：ホットですか、アイスですか? B：_____で。
④	大杯、中杯、小杯? Dàbēi, zhōngbēi, xiǎobēi?	_____。	A：Lサイズ、Mサイズ、Sサイズ? B：_____で。
⑤	好的。_____块。 Hǎo de. _____ kuài.	※店員が何元と言ったかを聞き取る	A：かしこまりました。 _____元です。

菜单 càidān（メニュー）

咖啡 kāfēi（コーヒー）	热/冰	大杯30元	中杯25元	小杯20元
美式咖啡 měishì kāfēi（アメリカン）	热/冰	大杯30元	中杯25元	小杯20元
拿铁 nátiě（ラテ）	热/冰	大杯35元	中杯30元	小杯25元
红茶 hóngchá（紅茶）	热/冰	大杯30元	中杯25元	小杯20元

"位 wèi"は、敬意をこめて人を数える時の量詞。

「何名様ですか?」は、"几位? jǐ wèi"で、×"几位人? "とは言わない。

拡張表現

还要别的吗? Hái yào bié de ma?（他に何かいりますか?）

不用了。Búyòng le.（結構です。）

3

チャレンジ2 バイト先の洋服屋に、中国人客がやって来ました。
さあ、中国語で接客してみましょう!

練習方法

Step① 下記[表現リスト]の①、②の語句を1回は使って、ペアで店員と客のシナリオを考えましょう。

Step② 教科書やインターネットなどで調べて、他の表現も使いましょう。

Step③ シナリオが完成したら暗記して、ペアで役を交代しながら練習しましょう。

🔊 123

値段を聞く	服員	欢迎光临。Huānyíng guānglín.
	客人	这个多少钱? Zhège duōshao qián?
	服员	＿＿＿＿＿＿＿＿日元 rìyuán。
①○○はありますか?		
②支払い		
	服员	谢谢光临! 欢迎再来! Xièxie guānglín! Huānyíng zài lái!

▌表現リスト

①○○はありますか?

・有○○的吗? (○○はありますか?)

　　大号 dàhào(Lサイズ)　中号 zhōnghào(Mサイズ)　小号 xiǎohào(Sサイズ)

　　黑色 hēisè　白色 báisè

・还有别的○○吗? (別の○○もありますか?)

　　颜色 yánsè(色)　款式 kuǎnshì(形)

・有○○一点儿的吗? (もう少し○○なのはあります?)

　　大 dà　小 xiǎo　便宜 piányi(安い)　紧 jǐn(ぴったりした)　松 sōng(ゆったりした)

②支払い

微信支付还是支付宝? Wēixìn zhīfù háishi Zhīfùbǎo? (WeChatPayですか、AliPayですか?)

请输入密码。Qǐng shūrù mìmǎ. (暗証番号を入力してください。)

需要袋子吗? Xūyào dàizi ma? (袋はいりますか?)

その他の関連表現

需要帮忙吗? Xūyào bāngmáng ma? (お手伝いしましょうか?)

请稍等。Qǐng shāo děng. (少々お待ちください。)

★ ★ ★ ★

Part 4

第14課〜第18課

「案内ができる」

達成目標　中国人観光客に対して、目的地までの行き方、所要時間、電車の乗り換えなどの道案内が中国語でできるようになる。

第14課 まっすぐ行くと着きますよ。

1 前置詞"在"：〜で
2 道案内で使う定型フレーズ

第15課 タクシーを1台呼んでください。

1 前置詞"给"：〜に
2 "怎么zěnme"＋動詞

第16課 駅はここから遠いですか?

1 時間量の位置
2 場所A＋"离lí"＋場所B

第17課 ここから駅までどのくらいかかりますか?

1 "从cóng"〜"到dào"…：〜から…まで
2 "来"＋動詞

第18課 乗り間違えていますよ。

1 結果補語
2 結果補語の可能形

その他の学習内容

各課1ページ目の「発音チェック」、「語彙量UP！」は、
自宅で予習、復習しておこう！

▼

発音チェック

【発音編】で学習した発音やピンインの読み方を、
毎週少しずつ復習し、定着させよう！

第14課 複母音①：複母音の "e"

第15課 複母音②：-iu 、-ui

第16課 鼻母音①：-n と -ng の違い

第17課 鼻母音②：-ian

第18課 鼻母音③：-un

語彙量UP！

語彙量がアウトプットの決め手。
どんどん語彙を増やしていこう！

第14課 道路に関する言葉

第15課 時間量①：～分間、～時間

第16課 時間量②：～日間、～年間

第17課 時間量③：～週間、～か月間

第18課 交通機関で使う表現

まっすぐ行くと着きますよ。

▎前課の振り返り

次の日本語を中国語に訳し、発音しましょう。

①私は、チケットを2枚買いました。 Wǒ mǎile liǎng zhāng piào.

（　　　　　　　　　　　　　　　　　　　　　　　　　　　　　　　）

②アイスですか、ホットですか？ Nǐ yào bīng de háishi yào rè de?

（　　　　　　　　　　　　　　　　　　　　　　　　　　　　　　　）

▎発音チェック 🔊124

複母音①：複母音の e　（p.10）

ei　ie　üe　uei(wei)

複母音のeは、日本語の「エ」に近い音で発音する。

※ y j q x + üeは、yue jue que xue と表記する。

▎練習 ①北京 Běijīng　②谢谢 xièxie　③学习 xuéxí（学ぶ）　④喂 wéi（もしもし）

▎語彙量UP! 🔊125

道路に関する言葉

十字路口 shízì lùkǒu（交差点）

红绿灯 hónglùdēng（信号）

高速公路 gāosù gōnglù（高速道路）

招牌 zhāopái（看板）

掉头 diàotóu（Uターンをする）

文法ポイント

1 前置詞 "在"：〜で 126

"在" ＋ 場所 ＋ 動詞 ＋ 目的語 （〜で…する）

1. 你们在梅田站下车。 Nǐmen zài Méitiánzhàn xià chē.
   （梅田駅で降りてください。）

2. 请在这里停车。 Qǐng zài zhèli tíng chē.
   （[タクシーに乗っていて]ここで停めてください。）

動詞の "在"	你　　　　在 哪儿?	あなたは、どこにいますか（どこですか）？
前置詞の "在"	你 在哪儿 学 中文?	あなたは、どこで中国語を学んでいるのですか？

※動詞の "在"（第10課）

2 道案内で使う定型フレーズ 127

①"往 wǎng 〜转 zhuǎn/ 拐 guǎi"（〜の方に曲がる）
　　往左转 wǎng zuǒ zhuǎn（左に曲がる）　往右拐 wǎng yòu guǎi（右に曲がる）

②过：渡る、ある地点を通過する
　　过马路 guò mǎlù（道を渡る）　过红绿灯 guò hónglǜdēng（信号を通り過ぎる）
　　过了两个红绿灯就到了。Guòle liǎng ge hónglǜdēng jiù dào le.（信号を2つ過ぎたら着きます。）
　　" 〜就到了。~jiù dào le."（〜すると（すぐ）着きますよ。）　※到（第17課）。
　　" 〜就是。~jiù shì."（〜がそう（目的地）です。〜したところです。）

③走 zǒu：歩く、行く　※中国語で「走る」は "跑 pǎo"。
　　一直（往前）走　yìzhí (wǎng qián) zǒu（まっすぐ（前に向かって）歩く）
　　走五分钟就到了。Zǒu wǔ fēnzhōng jiù dào le.（5分で着きます。）

👆 ポイント

・"去 qù" は、「目的地に行く」という意味で、行き先を目的語に取ることができるが、
　"走 zǒu" は、「その場から立ち去る、離れる」という意味で、行き先を目的語に取れない。
　　去图书馆　qù túshūguǎn（図書館に行く）　　×走图书馆

▎練習問題

1 次の中国語のピンインを書き入れ、発音しましょう。

(1)下車(　　　　　)　(2)在(　　　　　　)　(3)红绿灯(　　　　　　)

(4)一直(　　　　　)　(5)五分钟(　　　　　)　(6)走(　　　　　　)

2 次の日本語とピンインを見て、中国語に訳しましょう。

(1)ここで停めてください。 Qǐng zài zhèli tíng chē.

(　　　　　　　　　　　　　　　　　　　　　　)

(2)信号を2つ過ぎたら着きますよ。 Guòle liǎng ge hónglǜdēng jiù dào le.

(　　　　　　　　　　　　　　　　　　　　　　)

(3)5分歩いたら着きますよ。 Zǒu wǔ fēnzhōng jiù dào le.

(　　　　　　　　　　　　　　　　　　　　　　)

3 音声を聞いて、発音された順番に番号(1〜6)をふりましょう。 🔊128

下車する(　　　)　　　車を停める(　　　)　　　左に曲がる(　　　)

右に曲がる(　　　)　　　まっすぐ歩く(　　　)　　　道を渡る(　　　)

メモ ● 間違えた所、忘れていた所などをチェックしておきましょう!

▌置き換え練習

SCENE 1 ○○で降りてください。 🔊 129

> 在下一站下车。

> 好的，谢谢你。

次の駅で降りてください。Zài xià yí zhàn xià chē.　　わかりました、ありがとうございます。Hǎo de, xièxie nǐ.

🔄 置き換え

终点站 zhōngdiǎnzhàn（終着駅）　　～站 zhàn（～駅）　※駅名を入れて言ってみよう。

▌拡張表現

在 zài ～换乘 huànchéng（～で乗り換える）

SCENE 2 ○○はどう行きますか？ 🔊 130

> 请问，大通公园怎么走？

> 过了两个红绿灯往左拐就到了。

すみません、大通公園にはどう行きますか？　　信号を2つ渡って左に曲がったら着きますよ。
Qǐngwèn, Dàtōng gōngyuán zěnme zǒu?　　Guòle liǎng ge hónglǜdēng wǎng zuǒ guǎi jiù dào le.

🔄 置き換え

一直往前走 yìzhí wǎng qián zǒu（まっすぐ前に向かって歩く）
过马路 guò mǎlù（道を渡る）　　　往右拐 wǎng yòu guǎi（右に曲がる）

▌拡張表現

"请再说一遍，好吗？ Qǐng zài shuō yí biàn, hǎo ma?"（もう1度言っていただけますか？）

第15課 タクシーを1台呼んでください。

前課の振り返り

次の日本語を中国語に訳し、発音しましょう。

①ここで停めてください。Qǐng zài zhèli tíng chē.

( )

②信号を2つ過ぎたら着きますよ。Guòle liǎng ge hónglùdēng jiù dào le.

( )

発音チェック　　　🔊 131

複母音②：-iu、-ui（p.10）

・iou：子音がつくと表記は -iu となる。

・uei：子音がつくと表記は -ui となる。

 練習　①六 liù　②九 jiǔ　③对 duì（その通り、そうです）　④会 huì（できる）

語彙量UP!　　　🔊 132

時間量①：〜分間、〜時間

〜分钟 fēnzhōng（〜分間）：两分钟 liǎng fēnzhōng

　　　　　　　　　　　　三十分钟 sānshí fēnzhōng

　　　　　　　　　　　　几分钟 jǐ fēnzhōng（何分間）

〜个小时 ge xiǎoshí（〜時間）：一个小时 yí ge xiǎoshí　两个小时 liǎng ge xiǎoshí

　　　　　　　　　　　　　半个小时 bàn ge xiǎoshí（30分間）

　　　　　　　　　　　　　两个半小时 liǎng ge bàn xiǎoshí（2時間半）

　　　　　　　　　　　　　几个小时 jǐ ge xiǎoshí（何時間）

👆 ポイント

・時間量の"一"の声調は、後ろにくる漢字の声調によって変わる。（p.47 参照）

・"一个 yí ge"の"个"は軽声で発音するが、"个"(「個」)がもともと第4声のため、"一"は第2声(yí)で発音する。

・時間量の「2」は、"二 èr"ではなく"两 liǎng"を使う。

文法ポイント

1 前置詞"给"：～に

🔊 133

- A＋"给"＋B＋動詞＋目的語　　Aは B（のため）に～する
- Aが"你"の場合、省略してもよい。

1. 你给我看看地图。Nǐ gěi wǒ kànkan dìtú.

   （地図をちょっと見せてください。）

2. 请给我叫一辆出租车，好吗？Qǐng gěi wǒ jiào yí liàng chūzūchē, hǎo ma?

   （タクシーを1台呼んでいただけますか？）　　　　　　　　※叫 jiào「（タクシーなどを）呼ぶ」

《前置詞"给"と動詞"给"の違い》

前置詞（～（のため）に）	请给我打电话。Qǐng gěi wǒ dǎ diànhuà. （私に電話をかけてください。）
動詞（やる、くれる）	请给我一杯水。Qǐng gěi wǒ yì bēi shuǐ. （私に水を1杯ください。）

※動詞"给"は、"给"＋《人》に）＋《モノ・情報》を）の語順。※2つの目的語を取る動詞（第12課）

2 "怎么 zěnme"＋動詞

🔊 134

- 怎么 zěnme＋動詞？　　　　　　　　　どのようにするのか？
- 怎么＋動詞＋好（呢）？ zěnme ～ hǎo (ne)?　どのように～すればいいですか？

1. 请问，海游馆怎么走？Qǐngwèn, Hǎiyóuguǎn zěnme zǒu?

   （すみません、海遊館にはどのように行きますか？）

2. 这个字，汉语怎么说？Zhège zì, Hànyǔ zěnme shuō?

   （この字、中国語でどう言いますか？）

3. 怎么说好呢？Zěnme shuō hǎo ne?

   （［うまく言葉にできないときに］どう言ったらいいかなぁ？）

1 次の中国語のピンインを書き入れ、発音しましょう。

(1)地図(　　　　　　　) (2)出租车(　　　　　　) (3)怎么(　　　　　　　)

(4)说(　　　　　　　) (5)请问(　　　　　　) (6)给(　　　　　　　)

2 次の日本語とピンインを見て、中国語に訳しましょう。

(1)タクシーを1台呼んでいただけますか？ Qǐng gěi wǒ jiào yí liàng chūzūchē, hǎo ma?

(　　　　　　　　　　　　　　　　　　　　　)

(2)地図をちょっと見せてください。Nǐ gěi wǒ kànkan dìtú.

(　　　　　　　　　　　　　　　　　　　　　)

(3)すみません、海遊館にはどのように行きますか？ Qǐngwèn, Hǎiyóuguǎn zěnme zǒu?

(　　　　　　　　　　　　　　　　　　　　　)

3 音声を聞いて、発音された順番に番号(1〜6)をふりましょう。 ◀) 135

電話をかける(　　　) 　　　地図を見る(　　　) 　　　　タクシーを呼ぶ(　　　)

どのように言う(　　　) 　　どのように行く(　　　) 　　すみません(　　　)

● メモ ● 間違えた所、忘れていた所などをチェックしておきましょう！

置き換え練習

SCENE 1　〇〇して頂けますか？　🔊 136

请给我叫一辆出租车，好吗？

好的，请稍等。

タクシーを1台呼んでいただけますか？
Qǐng gěi wǒ jiào yí liàng chūzūchē, hǎo ma?

分かりました、少々お待ちください。
Hǎo de, qǐng shāo děng.

🔄 置き換え

发邮件 fā yóujiàn（メールを送る）　　　写一下 xiě yíxià（ちょっと書く）
发票 fāpiào（レシート）　　　　　　　一杯咖啡 yì bēi kāfēi（コーヒー1杯）

拡張表現

麻烦您/你～ máfan nín/nǐ（お手数おかけしますが～）

SCENE 2　〇〇（交通手段）が比較的いいですよ。　🔊 137

请问，上野动物园怎么去比较方便？

坐公交车去比较好。

すみません、上野動物園にはどのように行くのが比較的便利ですか？
Qǐngwèn, Shàngyě dòngwùyuán zěnme qù bǐjiào fāngbiàn?

バスで行くのが比較的いいですよ。
Zuò gōngjiāochē qù bǐjiào hǎo.

🔄 置き換え

出租车 chūzūchē（タクシー）　　　地铁 dìtiě（地下鉄）
电车 diànchē（電車）　　　　　　～线 xiàn（［電車］～線）

第**16**課 駅はここから遠いですか？

前課の振り返り

次の日本語を中国語に訳し、発音しましょう。

①タクシーを1台呼んでください。 Qǐng gěi wǒ jiào yí liàng chūzūchē, hǎo ma?

（   ）

②この字、中国語でどう言いますか？ Zhège zì, Hànyǔ zěnme shuō?

（   ）

発音チェック　　🔊 138

鼻母音①：-n と -ng の違い　（p.11）

-nで終わるもの	-ngで終わるもの
・舌先を上の歯の裏に当てて「ん」と発音する。 ・「あんない(案内)」の「ん」の舌の位置と同じ。	・舌のつけ根を上あごにつけて「ん」と発音する。 ・「あんがい(案外)」の「ん」の舌の位置と同じ。
an en ian in uan uen üan ün	ang eng ong iang ing iong uang ueng

※-ian は、「イエン」と発音する。

練習 ①半 bàn　　　　　　　　②棒 bàng（すごい）
　　　③朋友 péngyou（友達）　　④熊猫 xióngmāo（パンダ）

語彙量UP!　　🔊 139

時間量②：〜日間、〜年間

〜天 tiān（〜日間）： 一天 yì tiān　　両天 liǎng tiān　　十天 shí tiān　　几天 jǐ tiān（何日間）

〜年 nián（〜年間）： 一年 yì nián　　両年 liǎng nián　　十年 shí nián　　几年 jǐ nián（何年間）

文法ポイント

1 時間量の位置　🔊 140

・時間量＝「〜分間、〜時間、〜日間、〜週間、〜か月間、〜年間」など
・主語＋動詞＋時間量＋目的語　　　時間量は、動詞の後！

1. 坐电车要十五分钟左右。Zuò diànchē yào shíwǔ fēnzhōng zuǒyòu.
   （電車で15分くらいかかります。）

2. 要等多长时间？　Yào děng duō cháng shíjiān?　　　※要〜（〜しなければならない）
   （どのくらい待たなければいけませんか？）

3. 我今天看了一个半小时电视。Wǒ jīntiān kànle yí ge bàn xiǎoshí diànshì.
   （私は、今日1時間半テレビを見ました。）

2 場所A＋"离 lí"＋場所B　🔊 141

・場所A＋"离"＋場所B＋副詞＋"远/近"。AはBから（AはBまで）遠い/近い
・"离"は、二点間の距離の遠近を表す。

1. 车站离这儿远吗？　Chēzhàn lí zhèr yuǎn ma?
   （駅はここから遠いですか？）

2. 我家离大学很近。Wǒ jiā lí dàxué hěn jìn.
   （私の家は大学まで近いです。）

👆 ポイント

・「ここから遠いですか？」のように、1つの場所を省略する場合、〈"离"＋場所〉の語順で表す。
1. 离这儿远吗？Lí zhèr yuǎn ma?（ここから遠いですか？）　×这儿离不太远。
2. 离邮局不太远。Lí yóujú bú tài yuǎn.（郵便局まで、それほど遠くないです。）

▌練習問題

1 次の中国語のピンインを書き入れ、発音しましょう。

(1) 多长时间（　　　　　） (2) 看电视（　　　　　　） (3) 等（　　　　　　　　）

(4) 离（　　　　　） (5) 近（　　　　　　） (6) 远（　　　　　　　　）

2 次の日本語とピンインを見て、中国語に訳しましょう。

(1) 電車で15分くらいかかります。Zuò diànchē yào shíwǔ fēnzhōng zuǒyòu.

（　　　　　　　　　　　　　　　　　　　　）

(2) 私の家は大学まで近いです。Wǒ jiā lí dàxué hěn jìn.

（　　　　　　　　　　　　　　　　　　　　）

(3) ここから遠いですか？ Lí zhèr yuǎn ma?

（　　　　　　　　　　　　　　　　　　　　）

3 音声を聞いて、発音された順番に番号（1～6）をふりましょう。 🔊 142

2時間（　　） 2分間（　　） 電車（　　）

遠い（　　） 近い（　　） 駅（　　）

─────●─── メモ ●間違えた所、忘れていた所などをチェックしておきましょう！ ───●──

置き換え練習

SCENE 1　○○分くらいかかりますが、よろしいでしょうか？　🔊 143

> 要等多长时间？

> 二十分钟左右，可以吗？

どのくらい待たなければいけませんか？
Yào děng duō cháng shíjiān?

20分くらいですが、よろしいですか？
Èrshí fēnzhōng zuǒyòu, kěyǐ ma?

🔄 置き換え

五分钟 wǔ fēnzhōng
半个小时 bàn ge xiǎoshí（30分間）
一个半小时 yí ge bàn xiǎoshí（1時間半）

三十分钟 sānshí fēnzhōng
一个小时 yí ge xiǎoshí
两个小时 liǎng ge xiǎoshí

SCENE 2　○○はここから遠いですか？　🔊 144

> 车站离这儿远吗？

> 不远，步行要十五分钟左右。

駅はここから遠いですか？
Chēzhàn lí zhèr yuǎn ma?

遠くないです、歩いて15分くらいです。
Bù yuǎn, bùxíng yào shíwǔ fēnzhōng zuǒyòu.

🔄 置き換え

很远 hěn yuǎn（遠い）
很近 hěn jìn（近い）

不太远 bú tài yuǎn（それほど遠くない）
非常近 fēicháng jìn（とても近い）

第17課 ここから駅までどのくらいかかりますか？

前課の振り返り

次の日本語を中国語に訳し、発音しましょう。

①私は今日1時間テレビを見ました。 Wǒ jīntiān kànle yí ge xiǎoshí diànshì.

  (   )

②駅はここから遠いですか？ Chēzhàn lí zhèr yuǎn ma?

  (   )

発音チェック　　　　　　　　　　　　🔊 145

鼻母音② ：-ian　（p.11）

・-ian は、「イアン」ではなく「イエン」。

・-iang は、「イアン」。

|練習|　①钱 qián（お金）　　　　　　②见面 jiànmiàn（会う）

　　　　③县 xiàn（県）　　　　　　　④想 xiǎng（～したい）

語彙量UP!　　　　　　　　　　　　🔊 146

時間量③ ：～週間、～か月間

～个星期 ge xīngqī（～週間）：一个星期 yí ge xīngqī　两个星期 liǎng ge xīngqī
　　　　　　　　　　　　　　几个星期 jǐ ge xīngqī（何週間）

～个月 ge yuè（～か月間）：　一个月 yí ge yuè　两个月 liǎng ge yuè
　　　　　　　　　　　　　　几个月 jǐ ge yuè（何か月間）

★★★★
17

文法ポイント

1 "从cóng" ～ "到dào"… ： ～から…まで 🔊 147

・"从"～"到…"＋動詞＋目的語
・"到"には、「～まで行く、～に着く」という動詞の意味もある。

1. 从这儿到车站要多长时间？ Cóng zhèr dào chēzhàn yào duō cháng shíjiān?
   （ここから駅までどのくらいかかりますか？）

2. 你是从哪儿来的？ Nǐ shì cóng nǎr lái de?
   （どこから来たんですか？）

3. 请到关西机场。Qǐng dào Guānxī Jīchǎng.
   （関西空港まで行ってください。）

【〈"从"（場所）"到"（場所）〉と〈（場所）"离"（場所）〉の違い】 ※"离"（第16課）
・日本語では、どちらも「～から…まで」と訳すので混同しないように注意が必要。

「ここから駅まで1時間かかります。」
○从这儿到车站要一个小时。
×这儿离车站要一个小时。 →（場所）"离"（場所）は、後ろに"远"か"近"しか置けない。
※"离这儿不远，要十分钟左右。"（ここから遠くなく、10分ほどです。）と言い換えると良い。

【時点と時間量の位置の違い】

時点	主語+時点+動詞+目的語。 時点+主語+動詞+目的語。	我今天看电视。 今天我看电视。	動詞の前！
時間量	主語+動詞+時間量+目的語。	我看一个小时电视。	動詞の後ろ！

2 "来lái"＋動詞 🔊 148

・"来"＋動詞で、自ら進んで積極的にする、引き受けるという意味がある。

1. 我来看看。Wǒ lái kànkan.（私がちょっと見ますね。）
2. 我自己来。Wǒ zìjǐ lái.（私が自分でやります。）
3. 我来帮你拍照。Wǒ lái bāng nǐ pāizhào.（私が写真を撮ってあげますよ。）

👆ポイント

"帮bāng"は、「～を助ける、手伝う」という意味。
"我帮你＋動詞"「～するのを助ける、手伝う」のように使う。

1 次の中国語のピンインを書き入れ、発音しましょう。

(1)从(　　　　　　) (2)到(　　　　　) (3)车站(　　　　　　　　)

(4)机场(　　　　　) (5)拍照(　　　　　) (6)自己(　　　　　　　　)

2 次の日本語とピンインを見て、中国語に訳しましょう。

(1)ここから駅までどのくらいかかりますか？ Cóng zhèr dào chēzhàn yào duō cháng shíjiān?

　　(　　　　　　　　　　　　　　　　　　　　　　　　　　　　)

(2)どこから来たんですか？ Nǐ shì cóng nǎr lái de?

　　(　　　　　　　　　　　　　　　　　　　　　　　　　　　　)

(3)私が写真を撮ってあげますよ。 Wǒ lái bāng nǐ pāizhào.

　　(　　　　　　　　　　　　　　　　　　　　　　　　　　　　)

3 音声を聞いて、発音された順番に番号（1〜6）をふりましょう。 🔊 149

駅(　　　) 　　　　　 空港(　　　) 　　　　　 ここまで(　　　)

ここから(　　　) 　　 どこから(　　　) 　　 写真を撮る(　　　)

──────●─ ＼｜／ ─●─ メモ ─●─ 間違えた所、忘れていた所などをチェックしておきましょう！ ─────

置き換え練習

SCENE 1 ここから〇〇までどのくらいかかりますか？

🔊 150

从这儿到京都站要多长时间？

坐电车要一个小时左右。

ここから京都駅までどのくらいかかりますか？
Cóng zhèr dào Jīngdūzhàn yào duō cháng shíjiān?

電車で1時間くらいです。
Zuò diànchē yào yí ge xiǎoshí zuǒyòu.

🔵🔺 置き換え

〇〇站 zhàn（～駅）　　　　　　　〇〇机场 jīchǎng（～空港）
〇〇美术馆 měishùguǎn（～美術館）　〇〇公园 gōngyuán（～公園）

〇分钟 fēnzhōng（～分間）　　〇个半小时 ge bàn xiǎoshí（～時間半）

SCENE 2 私が〇〇してあげます。

🔊 151

我来帮你拍照。

谢谢你！

私が写真を撮ってあげますよ。Wǒ lái bāng nǐ pāizhào.

ありがとうございます！ Xièxie nǐ!

🔵🔺 置き換え

拿包 ná bāo（カバンを持つ）　　看看 kànkan（ちょっと見る）　　去问问 qù wènwen（ちょっと聞きに行く）

太谢谢你了！ Tài xièxie nǐ le!（本当にありがとうございます！）
麻烦你了。Máfan nǐ le.（お手間かけます。）
非常感谢你。Fēicháng gǎnxiè nǐ.（とても感謝します。）

第18課 乗り間違えていますよ。

▌前課の振り返り

次の日本語を中国語に訳し、発音しましょう。

①ここから駅までどのくらいかかりますか？ Cóng zhèr dào chēzhàn yào duō cháng shíjiān?

（　　　　　　　　　　　　　　　　　　　　　　　　　　　　　　）

②私が写真を撮ってあげますよ。 Wǒ lái bāng nǐ pāizhào.

（　　　　　　　　　　　　　　　　　　　　　　　　　　　　　　）

▌発音チェック　　　🔊 152

鼻母音③：-un　（p.11）

・唇を丸めて突き出し、"u" と "n" の間に単母音 "e" を軽く入れて発音する。

▌練習 ①结婚 jiéhūn　　②运动 yùndòng　　③裙子 qúnzi　　④春天 chūntiān

　　　　（結婚する）　　（運動する）　　（スカート）　　　（春）

▌語彙量UP!　　　🔊 153

交通機関で使う表現

站台 zhàntái（ホーム）

几号 jǐ hào（何番、何号）

〜线 xiàn（〜線）

条 tiáo（電車の線を数える量詞）　　这条线 zhè tiáo xiàn（この線）

站务员 zhànwùyuán（駅員）

车票 chēpiào（切符）

▌文法ポイント

1 結果補語　🔊 154

・動詞＋結果補語（"错 cuò"、"懂 dǒng"など）
・否定形は "没（有）"　※「"不"と"没"の違い」（第6課）。

−错 cuò（〜し間違える）	坐错 zuòcuò（乗り間違える）
	买错 mǎicuò（買い間違える）
−懂 dǒng（〜して理解する、わかる）	听懂 tīngdǒng（（聞いて）理解する）
	看懂 kàndǒng（（見て）理解する）
−完 wán（〜し終わる）	吃完 chīwán（食べ終わる）
	喝完 hēwán（飲み終わる）

1. 你们坐错了。Nǐmen zuòcuò le.
   （あなたたち、乗り間違えていますよ。）

2. 老师的话，你听懂了吗？　Lǎoshī de huà, nǐ tīngdǒng le ma?
   （先生の話、［聞いて］わかりましたか？）

3. 我还没吃完。Wǒ hái méi chīwán.
   （まだ食べ終わっていません。）

2 結果補語の可能形　🔊 155

・動詞と結果補語の間に "得 de"/"不 bu" を入れて、その動作が「できる」か「できない」かを表す。
・"得"、"不" は、軽声で発音する。

吃完 chīwán（食べ終わる）	吃得完 chīdewán / 吃不完 chībuwán
	（［量的に］食べきれる/食べきれない）
听懂 tīngdǒng（聞いて）理解する	听得懂 tīngdedǒng / 听不懂 tīngbudǒng
	（［聞いて］理解できる/できない）

1. 我吃不完，可以打包吗？　Wǒ chībuwán, kěyǐ dǎbāo ma?
   （食べきれないので、包んでもらえますか？）

2. 我听不懂日语。Wǒ tīngbudǒng Rìyǔ.
   （日本語が［聞いて］わかりません。）

3. 这个字，你看得懂吗？　Zhège zì, nǐ kàndedǒng ma?
   （この字、［見て］わかりますか？）

練習問題

1 次の中国語のピンインを書き入れ、発音しましょう。

(1) 吃完（　　　　　　　） (2) 听不懂（　　　　　　　） (3) 坐错（　　　　　　　　　）

(4) 打包（　　　　　　　） (5) 老师（　　　　　　　　） (6) 可以（　　　　　　　　　）

2 次の日本語とピンインを見て、中国語に訳しましょう。

(1) まだ食べ終わっていません。Wǒ hái méi chīwán.

　　（　　　　　　　　　　　　　　　　　　　　　）

(2) 私の話、聞いてわかりましたか？ Wǒ de huà, nǐ tīngdǒng le ma?

　　（　　　　　　　　　　　　　　　　　　　　　）

(3) この字、［見て］わかりますか？ Zhège zì, nǐ kàndedǒng ma?

　　（　　　　　　　　　　　　　　　　　　　　　）

3 音声を聞いて、発音された順番に番号（1〜6）をふりましょう。🔊 156

食べ終わる（　　） 　　飲み終わる（　　） 　　乗り間違える（　　）

聞いてわかる（　　） 　　見てわかる（　　） 　　聞いてわからない（　　）

メモ ● 間違えた所、忘れていた所などをチェックしておきましょう！

置き換え練習

SCENE 1　これは〇〇まで行く地下鉄ですか？　🔊 157

> 这是去成田机场的地铁吗？

> 你们坐错了。在下一站下车吧。

これは成田空港に行く地下鉄ですか？
Zhè shì qù Chéngtián Jīchǎng de dìtiě ma?

乗り間違えていますよ。次の駅で降りてください。
Nǐmen zuòcuò le. Zài xià yí zhàn xià chē ba.

置き換え
身近な目的地に置き換えて練習しましょう。

拡張表現
是的，在～站下车就到了。Shì de, zài ~ zhàn xià chē jiù dào le.（はい、〜駅で降りたらすぐです。）
去问问站务员。Qù wènwen zhànwùyuán.（駅員にちょっと聞きに行ってください。）

SCENE 2　〇〇語がわかりますか？　🔊 158

> 你听得懂日语吗？

> 我听不懂。

日本語わかりますか？
Nǐ tīngdedǒng Rìyǔ ma?

わかりません。
Wǒ tīngbudǒng.

置き換え
看得懂 kàndedǒng　　　　看不懂 kànbudǒng
中文 Zhōngwén（中国語）　英文 Yīngwén（英語）

拡張表現
我给你写一写。Wǒ gěi nǐ xiě yi xiě.（書いてあげますね。）

案内ができる

チャレンジ1 道案内の表現を練習しましょう。

練習方法

Step① 下線部に自分の情報を記入し、ピンインを見ながら正しい発音を意識しましょう。

Step② Aパートの人は教科書を見て質問し、Bパートの人は教科書を見ずに答えましょう。

Step③ 中国語を隠して、日本語だけを見て練習しましょう。

🔊 159

	Aパート	Bパート	日本語訳
①	Qǐngwèn chēzhàn zài nǎr? 请问，车站在哪儿？	Nà tiáo lù wǎng_____guǎi. 那条路往_____拐。	A：すみません、駅はどこですか？ B：あの道を_____に曲がってください。
②	_____zài nǎr xiàchē? _____在哪儿下车？	Zài_____zhàn xiàchē. 在_____站下车。	A：_____はどこで降りますか？ B：_____駅で降りてください。
③	Dào_____yào duō cháng Shíjiān? 到_____要多长时间？	Yào_____fēnzhōng zuǒyòu. 要_____分钟左右。	A：_____までどれくらいかかりますか？ B：_____分くらいです。
④	Lí zhèr yuǎn ma? 离这儿远吗？	_____。	A：ここから遠いですか？ B：_____。
⑤	Qǐng gěi wǒ_____, hǎo ma? 请给我_____， 好吗？	Hǎo de. 好的。	A：_____していただけませんか？ B：いいですよ。
⑥	Nǐ tīngdedǒng ma? 你听得懂吗？	_____. _____。	A：（聞いて）わかりますか？ B：_____。
自由記述			

|拡張表現

我带你去吧。Wǒ dài nǐ qù ba.（私が連れて行ってあげましょう。）

チャレンジ2 ①学校から最寄り駅まで　　②最寄り駅から〇〇駅まで
③主要駅からおすすめの場所まで

・これまで習ってきた表現を使って、①②③のどれかを説明してみましょう。
・分かりやすく説明するために、地図も書いてみましょう。

	中国語	日本語訳
所要時間	从＿＿＿＿到＿＿＿＿要＿＿＿＿＿＿。	＿＿＿から＿＿＿まで＿＿＿＿かかります。
道順		
目印		
自由記述		

地図

中国語を来年度以降も継続して学習する人や
検定試験を受験する人は、夏休み・春休みに
以下の文法項目を勉強しておきましょう。

---

1 進行を表す"正在〜呢"　🔊 160

・"正在〜呢" zhèngzài 〜 ne「〜しているところです」
・"正"が入ると、「今まさに〜している」という意味合いが強くなる。

喂，你在干什么呢？　Wéi, nǐ zài gàn shénme ne?（もしもし、何しているの？）

我正在做作业呢。 Wǒ zhèngzài zuò zuòyè ne.（ちょうど宿題をしているところだよ。）

我在看电视呢。 Wǒ zài kàn diànshì ne.（テレビを見ているところです。）

---

2 持続を表す"着"　🔊 161

・"着 zhe"「〜している（状態が続いている）」
・文末に"〜呢 ne"をつけてもよい。

门开着呢。 Mén kāizhe ne.（ドアが開いていますよ。）

山本老师是戴着帽子的那位。 Shānběn lǎoshī shì dàizhe màozi de nà wèi.

（山本先生は、帽子をかぶっているあの方です。）

---

3 "学了一年"と"学了一年了"の違い　🔊 162

① 我学了一年汉语。 Wǒ xuéle yì nián Hànyǔ.

　（中国語を1年間勉強しました。）→以前、1年間勉強した。

② 我学了一年汉语了。 Wǒ xuéle yì nián Hànyǔ le.

　（中国語を勉強して1年になります。）→1年前から勉強を始めて、今も勉強している。

"要"～しなければならない 🔊163

・"要 yào ～ "「～しなければならない」　第9課　"要"「～したい」
・"不用 búyòng ～ "「～しなくてよい」

今天我要去打工。Jīntiān wǒ yào qù dǎgōng.（今日はバイトに行かなければいけません。）

你不用吃那个。Nǐ búyòng chī nàge.（それは食べなくていいよ。）

5

"能"（能力） 🔊164

・スポーツ、語学、楽器などが「具体的にどの程度できる」かを言う場合、中国語では"能"
を使う。"会"は、そのことが「できるか、できないか」のみを表す。
・"会"「（スポーツ、語学、楽器などが）できる」　第11課

A：你会游泳吗？　Nǐ huì yóuyǒng ma?（泳げる？）

B：会一点儿。Huì yìdiǎnr.（少しだけね。）

A：你能游多少米？　Nǐ néng yóu duōshao mǐ?（どのくらい泳げるの？）

B：只能游二十五米左右。Zhǐ néng yóu èrshiwǔ mǐ zuǒyòu.
（25メートルくらいしか泳げないよ。）

3つの比較 🔊165

・A＋"比"＋B＋形容詞＋比べた差：AはBよりどれくらい～だ

我比我哥哥小两岁。Wǒ bǐ wǒ gēge xiǎo liǎng suì.（私は兄より2歳年下です。）

・A＋"没有"＋B＋形容詞：AはBほど～でない

今天没有昨天冷。Jīntiān méiyǒu zuótiān lěng.（今日は昨日ほど寒くないね。）

・A＋"跟/和"＋B＋"一样"＋形容詞：AはBと同じくらい～だ

我和她一样大。Wǒ hé tā yíyàng dà.（私は彼女と同い年です。）

7 “不〜了”

🔊 166

“不〜了”：（何かの理由によって、元々やる予定のこと、これまでしていたことを）
〜するのをやめた、〜しないことにした

明天我不去了。Míngtiān wǒ bú qù le.（明日、行くのをやめるわ。）
我不吃甜品了。Wǒ bù chī tiánpǐn le.（甘いものを食べないことにする。）

我不吃。（食べません。）
我(还)没吃。（食べませんでした。／（まだ）食べていません。）
我不吃了。（食べるのをやめる。／もう食べないことにする。）

・ 第6課 否定の“没”と“不”の違い

8 “快(要) 〜了”

🔊 167

・快(要) 〜了 kuài (yào) 〜 le（もうすぐ、まもなく〜する）

我快到了！ Wǒ kuài dào le!（もうすぐ着きます！）
快要放暑假了。Kuàiyào fàng shǔjià le!（もうすぐ夏休みだね！）

・具体的な時間がある場合は“就要〜了”jiùyào 〜 le を使う。
　下个月就要毕业了。Xià ge yuè jiùyào bìyè le.
　（来月、卒業します。）

9 よく使う量詞 第13課 🔊 168

量詞	特徴	例
把 bǎ	握り、取っ手のあるもの	菜刀 càidāo（包丁）　雨伞 yǔsǎn（傘） 椅子 yǐzi（椅子）
家 jiā	店、施設、企業など	商店 shāngdiàn（店）　餐厅 cāntīng（レストラン） 医院 yīyuàn（病院）
双 shuāng	対になっているもの	筷子 kuàizi（箸）　袜子 wàzi（靴下） 手套 shǒutào（手袋）
条 tiáo	細長いもの	路 lù（道）　鱼 yú（魚）　裤子 kùzi（ズボン） 裙子 qúnzi（スカート）　狗 gǒu（犬）
只 zhī	①小動物 ②対になっているものの片方	①猫 māo（猫）　鸟 niǎo（鳥）　狗 gǒu（犬） ②鞋 xié（靴）　耳朵 ěrduo（耳）
枝 zhī	細い棒状のもの	笔 bǐ（ペン）　铅笔 qiānbǐ（鉛筆） 圆珠笔 yuánzhūbǐ（ボールペン）　烟 yān（タバコ）

※ "狗"（犬）は、"条"、"只"のどちらも使う。

10 よく使う結果補語 第18課 🔊 169

動詞の結果補語

- 错 cuò	～し間違える	写 xiě 错（書き間違える）　听 tīng 错（聞き間違える）
- 在 zài	ある場所に落ち着く	住 zhù 在（～に住む）　待（呆）dāi 在（～に滞在する）
- 到 dào	ある目的を達成する、 目的地に到達する	买 mǎi 到（買える、手に入れる） 找 zhǎo 到（見つかる）　走 zǒu 到（～に到着する）
- 见 jiàn	目や耳で、物や音を認識する	看 kàn 见（見える）　听 tīng 见（聞こえる）

形容詞の結果補語

- 好 hǎo	完成、満足のいく状態になる	吃 chī 好（満足いくだけ食べる） 买好（満足のいくくらい買う）
- 光 guāng	全く残らない状態になる	卖 mài 光（売り切れる）　吃光（食べきる）
- 清楚 qīngchu	はっきりする	说 shuō 清楚（はっきりと話す） 听清楚（はっきり聞こえる）

動詞述語文の語順

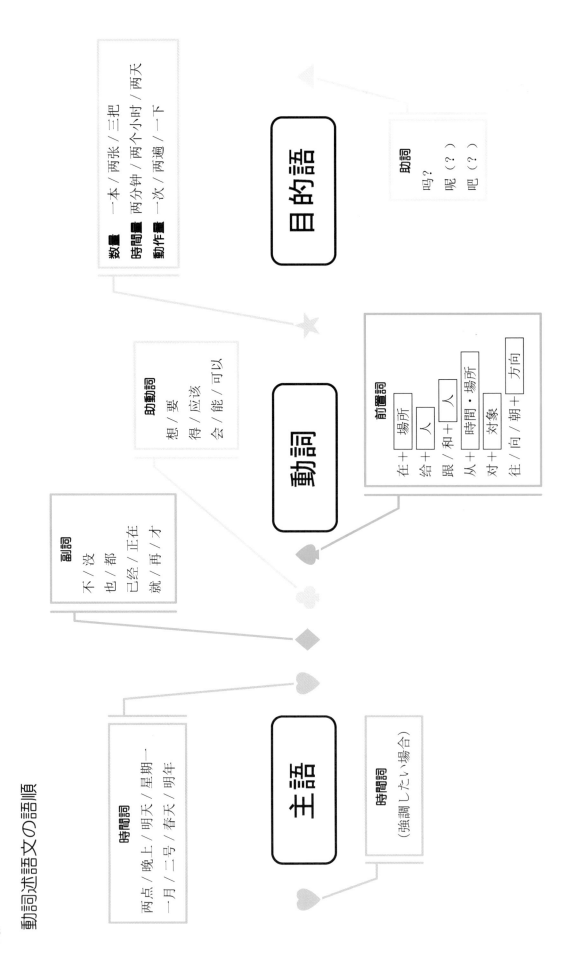

時間詞
両点 / 晩上 / 明天 / 星期一
一月 / 二号 / 春天 / 明年

時間詞
（強調したい場合）

主語

副詞
不 / 没
也 / 都
已经 / 正在
就 / 再 / 才

助動詞
想 / 要
得 / 应该
会 / 能 / 可以

前置詞
在＋ 場所
给＋ 人
跟 / 和＋ 人
从＋ 時間・場所
对＋ 対象
往 / 向 / 朝＋ 方向

動詞

数量 一本 / 两张 / 三把
時間量 两分钟 / 两个小时 / 两天
動作量 一次 / 两遍 / 一下

目的語

助詞
吗？
呢（？）
吧（？）

108

発音編2(p.6)
①4
②第1声（ ー ）第2声（ ╱ ）
　第3声（ ╲ ）第4声（ ╲ ）
③軽声

発音編3(p.10)
①21
②無気音：b d g j zh z
③有気音：p t k q ch c
④そり舌音：zh ch sh r

発音編4(p.14)
①エ
②nとng
③イエン

第2課(p.22)
①我是日本人。
②例：我是(大阪)人。

第3課(p.26)
①我学习汉语。
②你喜欢吃什么?

第4課(p.30)
①今天很暖和。
②这个不辣。

第5課(p.38)
①你说汉语说得很好!
②你过奖了。

第6課(p.42)
①我坐电车来学校。
②星期天你们来我家玩儿吧。

第7課(p.46)
①我还没吃午饭。
②我今天下了课，就回家。

第8課(p.50)
①我还没去过中国。
②请再说一遍，好吗?

第9課(p.58)
①你是什么时候买的?
②你跟我一起去，好吗?

第10課(p.62)
①你想吃什么?
②请不要拥挤!

第11課(p.66)
①洗手间在哪儿?
②这附近有洗手间吗?

第12課(p.70)
①你会做菜吗?
②我会说一点儿汉语。

第13課(p.74)
①这儿能刷卡吗?
②你教我汉语,好吗?

第14課(p.82)
①我买了两张票。
②你要冰的还是要热的?

第15課(p.86)
①请在这里停车。
②过了两个红绿灯就到了。

第16課(p.90)
①请给我叫一辆出租车，好吗?
②这个字，汉语怎么说?

第17課(p.94)
①我今天看了一个小时电视。
②车站离这儿远吗?

第18課(p.98)
①从这儿到车站要多长时间?
②我来帮你拍照。

謝 辞

　本教科書の出版に際し、多くの方からご助言、ご協力を頂きました。

　教科書の構成、内容については、大学院修士課程の同期であり、現場経験も豊富な岡上路子先生にご助言を頂きました。中国語表現については、上海外国語大学孔子学院の李翔先生、李宝玉先生にご監修を頂きました。三人の先生には、この場を借りて感謝申し上げます。

　本課のイラストは全編にわたって川野郁代さんに描いて頂きました。川野さんのイラストは温かみがあり、本文の内容を的確に汲み取って表現してくださるため、内容理解に欠かせないものとなっています。『中国語初級マスター22』(金星堂)でもイラストをお願いしたのですが、今回もご多忙にもかかわらずご快諾いただき、本当にありがとうございました。

　そして、出版の機会を頂き、企画の段階から編集に至るまで終始サポートして頂きました朝日出版社の宇都宮佳子さん、中西陸夫さんにもこの場を借りて心より感謝申し上げます。

　最後に、本教科書をご使用くださる先生方に、心よりお礼申し上げます。本教科書は至らぬ点が多々ありますので、どうぞ忌憚のないご指摘を賜りますようよろしくお願い申し上げます。

2022年8月
著者一同

著者

阿部 慎太郎（近畿大学 法学部 教養・基礎教育部門 講師）
紅粉 芳恵（大阪産業大学 国際学部 教授）

アドバイザー

岡上 路子（大阪公立大学 非常勤講師）
李 翔（上海外国語大学孔子学院 翻訳通訳学院 専任教師）
李 宝玉（上海外国語大学孔子学院 漢語教師）

イラスト　川野 郁代

表紙・本文デザイン　大下 賢一郎

音声吹込　毛 興華　姜 海寧

初級テキスト
４つの場面から学ぶ　ミニマル中国語

| 検印省略 | © 2023 年 1 月 31 日　初 版 発 行 |

著　者　　　　　　　　　　阿部 慎太郎
　　　　　　　　　　　　　紅粉 芳惠

発行者　　　　　　　　　小 川 洋 一 郎
発行所　　　　　　株式会社 朝 日 出 版 社
　　　〒101-0065　東京都千代田区西神田 3−3−5
　　　　　　　　　電話(03)3239-0271・72(直通)
　　　　　　　　　振替口座　東京　00140-2-46008
　　　　　　　　　http://www.asahipress.com/
　　　　　　　　　　　　　　　　　　倉敷印刷

乱丁・落丁本はお取り替えいたします
ISBN978-4-255-45374-3 C1087